Marion Huismann
Gedanken für Tag und Weg

© Marion Huismann 2019
Alle Rechte vorbehalten

Illustrationen:
Bilder und Bildausschnitte von Marion Huismann
Umschlaggestaltung: Marion Huismann

Autorinnenporträt:
Carola Voigt-Blömker
www.fotostudio-voigt.de

Lektorat, Layout, Satz:
www.biografforum.net

Herstellung und Verlag:
BoD – Books on Demand, Norderstedt
ISBN: 978-3-7347332-7-7

Marion Huismann

Gedanken für Tag und Weg

… für meinen Ehemann

Vorwort

Interessiert und engagiert habe ich an den Philosophie-Seminaren mit Dr. Wolfgang Hesse in Bad Rothenfelde teilgenommen. Dr. Hesse stellte wesentliche Fragen zum Leben, eröffnete den Teilnehmern philosophisches Grundwissen und moderierte die Diskussionen.
Impulse aus diesen Seminaren haben bei mir ein intensives Nachdenken ausgelöst. Ich habe meine über die Jahre erstellten Tagebücher gesichtet, die darin enthaltenen Erfahrungen, Erlebnisse und Erkenntnisse zu Themen gebündelt.
Mit diesem Buch mache ich meine Lebenssicht des «Wachsen lassen» anderen Menschen zugänglich. «Wachsen lassen» heißt, dass Ideen und Gedanken ihren Weg finden können. Jeder von uns trägt durch sein Handeln dazu bei, das Leben schöner, menschlicher und erstrebenswerter zu machen.
In der Betriebsamkeit und Schnelllebigkeit des Alltags halten wir inne. Wir lassen unsere Gedanken in der Stille wachsen.
Wir sind, was wir denken. Es liegt an uns, welcher Gedanke unseren Tag beherrscht. Mit der Kraft der Gedanken ziehen wir Licht oder Dunkelheit auf unser Leben. Worte/Begriffe werden zu Wegweisern in die ersehnte Richtung oder führen in die Irre. In der Fülle der Gedanken finden wir das Licht, das unseren Tag erhellt.

Besonderer Dank gilt meinem Ehemann Franz Huismann, der mit seinen Hinweisen dazu beigetragen hat, dass die Texte verständlich und anschaulich sind.
Dr. Wolfgang Hesse hat meine Texte Sinn fördernd lektoriert.

Inhalt

Wegweiser
Hier und Jetzt: Zukunft (12); Wesentlich (13); Unwichtiges/Wesentliches (14); Glück: Sehnsucht und Weg (15); Leben: Sinn (16); Sinn: Gestalten (17);

Lebensweisen
Kommunikationsarten: Beziehungsarmut (20); Leben: Instrument (21); Zwei Leben: Ursprung und Wege (22); Digitalisierung: Ausgrenzung (24); Überfluss: Last und Chance (25); Klarheit im Denken (26); Wahrheit: Dosierung (27): Hamsterrad: Fremdbestimmung (28); Vorurteil überwinden (29); Altern: Inneres Wachstum (30); Vergeben: Tugend des Menschen (31); Preisverfall/Werteverfall (32); Liebe: Wunschbild (33); Spiegelbild: Wahrheit (34); Einstellungen: Entdecken (35); Entstehen, zerstören (36); Der neue Tag: Anfang und Ende (37); Geliebter Mensch: Wohlwollen (38); Reisen: Wege zu sich selbst (39); Selbst genähte Kleider (40); Entschleunigung (41); Wettkampf (42); Drei Welpen (43); Besonnenheit (45); Alltag (46); Sinne (47);

Geistiger Raum: Entfaltung und Befreiung
Geistiger Raum (52); Verantwortung (53); Wechselseitige Bezogenheit (54); Heimat (55); Dank (56); Fließen (57); Harmonie (58); Tourismus (59); Sensationsgier (60); Vorschriften (61); Sprache (62); Krisen überwinden (63); Arbeit zum Leben (64); Ritual (65); Auszeichnung (66); Recht

(67); Kritik (68); Gedankliche Ordnung (69); Gelassenheit (70); Überforderung (71); Geschehen lassen (72); Mensch sein (73);

Perspektiven

Perspektive (76); Rassismus (77); Liebe (78); Welle (79); Der Baum (80); Reisen (81); Bedeutung des Menschen (82); Begeisterung (83); Partnerschaft (84); Sterben und Tod (85); Wandel (86); Fremde (87); Angst und Liebe (88); Urteil (89); Vergänglichkeit/Begrenztheit (90); Wünsche (91); Hier und Jetzt (92);

Wege

Welcher Weg? (96); Datenflut (97); Zeitgeist (98); Wertschätzung (99); Form und Inhalt (100); Träume (101); Fernsteuerung unserer Seele (102); Unsicherheit: Zuversicht (103); Was – woher – wie viele? (104); Werkzeuge (105); Gier (106); Krankheit (107); Stumme Schreie (108); Gegen die Natur (109); Zivilisation (110); Tagebuch (111); Wagnis (112); Behinderung (113); Äußere Auszeit (114); Innere Auszeit (115); Übergänge (116); Ausklang (117); Zivilcourage (118); Struktur und Systeme (119); Kinderfragen (120); Toleranz (121); Kollektive Vereinheitlichung (122); Leistungsfähigkeit (123); Zeige mir, wie das geht (124) Freilassen (125); Ein Teil und das Ganze (126); Gib nie auf (127); Gleichzeitigkeit (128); Streiten (129); Licht (130); Berührungspunkte (131); Veränderung (132); Seinen Weg gehen (133);

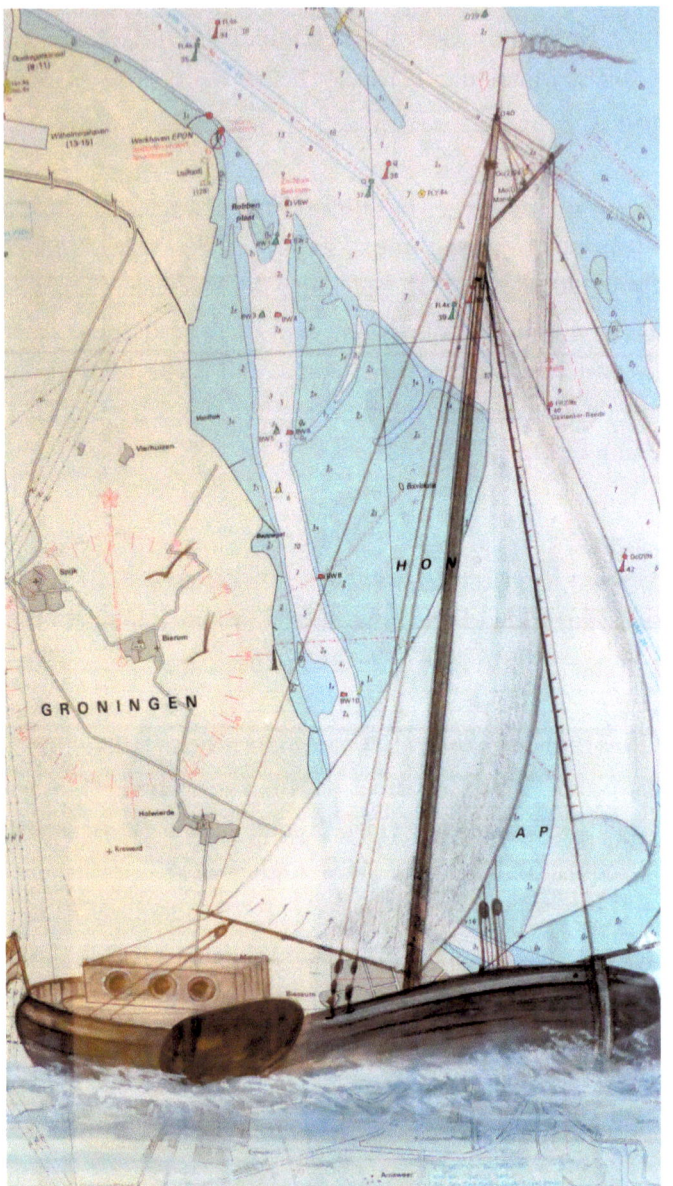

Wegweiser

Hier und Jetzt: Zukunft

Wer das Hier und Jetzt
der Zukunft opfert
leidet bald
fühlt sich als Opfer
klagt darüber.

Kindergarten, Schule,
Beruf, Karriere,
Partnerschaft, Altersvorsorge,
Gesundheit...

Geplante Zukunft,
Geopferte Gegenwart.
Wo bleiben Lebenslust
und Lebensfreude?

Leben zulassen
Nicht alles verplanen
Gleichgewicht anstreben
Harmonie erreichen

Wesentlich

Was ist wesentlich? Was ist unwesentlich und damit verzichtbar?
Dazu gehören verletzende Eitelkeiten, Machtstreben, Unterdrückung von Menschen, Verschwendung von öffentlichen Geldern, Raubbau an der Natur, Ungerechtigkeiten. Wesentlich für den Menschen sind die Sinne, die sich in der Einheit von Körper, Geist und Seele wiederfinden. Wenn wir uns gleichgültig gegenüber dem Unwesentlichen verhalten, fallen wir nicht auf Scheinblüten herein und bleiben beim Wesentlichen.

Unwichtiges/Wesentliches

Eine asiatische Weisheit sagt: «Du kannst nichts dagegen tun, dass Krähen um deinen Kopf kreisen, aber du kannst verhindern, dass sie ihre Nester in deinem Haar bauen. Unwichtiges soll sich in deinem Kopf nicht wohlfühlen.»
Öffne dich für Wesentliches und Ursprüngliches. Versuche dich nicht an dem, was du nicht ändern kannst. Beherrsche unerwünschte Gedanken, die dich anfliegen. So können die Krähen kein Nest in deiner Seele bauen.

Glück: Sehnsucht und Weg

Menschen fühlen sich innerlich leer und von außen bedroht.
Es wächst die Sehnsucht nach dem Glück.
Menschen fliehen aus der Wirklichkeit in verklärte Erinnerungen oder in virtuelle Welten. Frei sein ohne Zwang, ohne Grenzen, ohne Pflichten.
Können wir glücklich sein, wenn wir das tägliche Weltgeschehen betrachten? Befragen wir unsere Erfahrungen. Wann haben wir uns glücklich gefühlt? Geschah das nicht inmitten unserer Sorgen und Probleme?
Gelebtes Glück sagt uns, dass das Leben von uns gelebt werden will.
Freude erfüllt uns. Glück finden wir auch in den kleinen Dingen des Alltags: ein Lächeln, eine Zuwendung, ein Augenblick in der Natur, eine Übereinstimmung…
So wird das kleine Glück zum Augenblick, der uns erfüllt. Lässt uns vergessen, dass nicht alles in der Welt heil ist.

Leben: Sinn

Meinem Leben einen Sinn geben, einen Sinn in meinem Leben finden – wie geht das?
Ohne Freude hat mein Leben keinen Sinn. Freude und Leid existieren oft nebeneinander. Ich will mich jeden Tag an etwas erfreuen.
Sinn und Freude finde ich in einer Arbeit, einem Werk, in dem ich mir die Aufgaben selbst stellen kann. Ein Ziel wird sichtbar. Wer sich in seiner Arbeit, seinem Werk nicht findet, leidet darunter, dass die eigenen Fähigkeiten und Ressourcen nicht genutzt werden. So stolpert ein Leben in die Krise, in der deutlich wird, dass Oberflächlichkeit vorherrscht und ein Ausweg nur in der Tiefe der Gedanken möglich ist. Freude, die aus dem Werk und seinem Alltag erwächst, mündet in Lebensfreude – lässt Sinn entstehen.

Sinn: Gestalten

Welche Art von Leben führen wir?
Auf die Frage «Wie hast du den Tag verbracht?», antwortet ein eher Sinn leeres Leben: «Ich weiß es nicht so genau.»
Ein Leben führen heißt, ein Leben gestalten.
Perle auf Perle fügt sich aneinander. Eine Perlenkette entsteht. Soll unser Leben eine Kette von Vorfällen sein, in die wir ohne Zutun hineingeraten? Beweggründe und Hemmungen, die unser Leben bestimmen, wollen erkannt und bewusst werden. So erkennen wir, was unser Leben sinnvoll macht. Täglich erleben wir Einsamkeit, Entzweiung und die Verzerrung unserer Antriebe.
Wir verlegen den Sinn unseres Lebens in den Feierabend. Arbeit, die wir als fremdbestimmt erleben, macht Sinn, wenn wir durch sie den Spaß des Feierabends ausleben können.
Der Mensch, der sich verantwortlich fühlt, findet, was er gestalten kann und erschließt sich den Sinn – Zusammenhang von individuellem und gesellschaftlichem Handeln.

Lebensweisen

Kommunikation: Beziehungsarmut

Trotz der vernetzten Kommunikation wünschen wir uns in den zwischenmenschlichen Beziehungen immer noch das Gespräch. Es klärt Unstimmigkeiten, hebt Missverständnisse auf, ermöglicht Absprachen und zeigt, wo Gemeinsamkeiten liegen.
Im Alltag praktizieren wir etwas Anderes. Wir reduzieren unsere Kommunikation u.a. auf SMS, Abkürzungen, Videosequenzen, Bilder, Apps. Fragmente bleiben übrig, lassen jede Interpretation zu. Schnelligkeit und Oberflächlichkeit sind wichtiger, als ein vertiefter Dialog.
Der Faktor Zeit beherrscht den Zeitgeist. Der Kommunikationsstil steht für eine zunehmende Beziehungsunfähigkeit, besonders der jüngeren Generation. Musik soll kompensieren, wo Kommunikationsarmut herrscht. Das Gespräch wird nicht geführt, ergießt sich bei Älteren in Monologen.
Sprachlosigkeit fördert Gewalt. Das gesprochene und mitgeteilte Wort festigt unsere Demokratie.

Leben: Instrument

Im Klangkörper des Orchesters sind die leisen und lauten Töne der Instrumente aufeinander abgestimmt. Sie versetzen unser Gehör in Schwingungen, schenken uns ein feinsinniges und klangvolles Kunsterlebnis.
Betrachten wir das Leben als eine Art Orchester. Jeder spielt sein Instrument. Wir streben den Gleichklang an. Dabei produzieren wir ungewollt oder gewollt Misstöne. Wir dominieren die Töne und Schwingungen der anderen, weil wir die erste Geige spielen wollen. Wir spielen sie, ohne unser Instrument sorgfältig zu stimmen, ohne tiefere Kenntnis der Noten. So wird das Orchester nicht zu einem harmonischen Klangkörper. Aus der beabsichtigten Harmonie wird Disharmonie.
Es gilt: Lerne und erkenne dein Instrument. Spiele mit vollem Einsatz. Werde zur Einheit mit deinem Instrument. Dann ist es geistig und seelisch gut gestimmt.

Zwei Leben: Ursprung und Wege

Gabi hat zwei Leben.
Gabi hat sich bei der Geburt ihre armen, ungebildeten Eltern nicht ausgesucht. In ihrer Schulzeit hat sie die Mängel an Lehrmaterialien, die geringe Anzahl der Lehrer, die baufälligen Räume sowie eine marode Infrastruktur nach dem zweiten Weltkrieg hinnehmen müssen. Mit der Taufe wurde sie Mitglied der katholischen Kirche und der örtlichen Kirchengemeinde. Die katholische Schulerziehung war in einem evangelischen Umfeld diskriminierend. Sie konnte sich das Land, in dem sie leben wollte, nicht aussuchen. Gabi ist zufällig ein Mädchen, für das gesellschaftlich die Rollen von Kindererziehung und Haushalt vorgesehen sind. Ihr Lebensumfeld förderte kaum individuelle Berufswünsche. Sie begegnete dem Lebenspartner, der unerwartet und zufällig neben ihr im Flugzeug saß.

Der Zufall könnte weitergehen.

Die andere, entgegengesetzte Lebensgeschichte leugnet den Zufall: Gabi ist das krönende Ergebnis einer tiefen Liebesnacht mit Kinderwunsch. Sie beweist durch ihre genetisch bedingten Anlagen und Fähigkeiten, dass es möglich ist, die zahlreichen Mängel der Nachkriegszeit nicht nur auszugleichen. Durch ihren hohen Einsatz, durch Ehrgeiz und Ausdauer schafft sie Bestleistungen. Das Umfeld der katholischen Diaspora fördert ihr inneres Wachstum zur selbstbewussten Persönlichkeit, die eine Vorstellung über die Rolle der Frau in der Gesellschaft entwickelt – ihre eigene Rolle. Sie verschafft sich finanzielle Mittel, um sich beruflich zu qualifizieren. Sie lebt in einem wohlhabenden Land ihrer Wahl. Gabi prüft den Zufall und bejaht ihn bei der Wahl des Lebenspartners.

Digitalisierung: Ausgrenzung

Oma und Opa sitzen im Intercity. Beim Anblick des Zugbegleiters ziehen sie umständlich und verlegen ihre Fahrausweise aus der Tasche. Andere Reisende halten dazu ihre Smartphones hin, die der Zugbegleiter auf deren Apps scannt. «Ich muss erst die Lochzange holen, um ihren Fahrausweis entwerten zu können», teilt der Zugbegleiter den beiden verunsicherten Alten mit.

Oma und Opa steigen beim nächsten Halt um, um ihr Reiseziel zu erreichen.

Der digitale Anschluss im Leben wird schwierig, weil die Gleise mit den Verbindungen weit auseinander liegen. Schaffen es die beiden nicht, fährt der Zug ohne sie ab. Gewissensfrage: «Wollen wir Oma und Opa auf dem Bahnhof stehen lassen?»

Überfluss: Last und Chance

«Wirf es doch einfach weg und kauf dir etwas Neues», bläst ein junges Mädchen ihrer Freundin ins Ohr.
Ein 15jähriger Junge steht knöcheltief im Unrat. Er sucht nach einer passenden Hose, atmet die ätzenden Dämpfe einer unübersehbaren Mülldeponie ein. Das Neue kommt irgendwo her. Jedes ausgesonderte Teil geht irgendwohin. Die Erde trägt in jedem Fall die Last. Durch Teilen oder Schenken vermindert sich der Druck auf die Erde. Im Verzicht entsteht Gemeinschaft, die uns gegenseitig bereichert. Wir befreien uns, wenn wir uns von Dingen trennen, die wir nicht brauchen. Die reduzierten Dinge gewinnen an Wert.

Klarheit im Denken

Dampfend steht die Möhrensuppe auf dem Tisch. Kleine, orangerote Scheiben schubsen sich gegenseitig an. Die Suppe schmilzt wie Schokolade auf der Zunge. Sie ist einfach in der Zubereitung, preiswert und gesund. Ein Feinschmecker könnte sie gering schätzen, gar verachten. Komplizierte Speisen sind nicht unbedingt besser als einfache. Übertragen wir dieses Bild auf unsere Gefühle. Ein problematisches Gefühlsleben ist anstrengend und nicht ohne schädliche Nebenwirkungen. Einfach und klar denken hilft beim Hinterfragen unserer Gedanken.

Wahrheit: Dosierung

Mitmenschen sollen nicht lügen, sondern die Wahrheit sagen. Das wünschen sich viele. Sind wir feige, wenn wir die Wahrheit verschweigen, um andere nicht zu verletzen? Rechtfertigt die Gefahr einer seelische Verletzung, die Wahrheit zu verschweigen? Ist das bewusste Verschweigen einer Wahrheit nicht Klugheit?
Offenheit und Ehrlichkeit sind angebracht, wenn damit ein Nutzen verbunden ist. Unwahrheit als Notlüge hat ihre Berechtigung. Besonders dann, wenn die Wahrheit Angst hervorruft oder zu Repressalien führt.

Hamsterrad: Fremdbestimmung

Das Hamsterrad im Käfig dreht sich unablässig, wenn es nicht angehalten wird. Oft erscheint uns unser Alltag wie das Leben in einem Hamsterrad. Wir funktionieren, erfüllen die Erwartungen der anderen und finden uns selbst darin nicht wieder. Unser Tag wird von anderen Menschen verplant.

Was tun? Das Hamsterrad anhalten, auf die Bremse treten und aussteigen. Übernimm die Gestaltung deines Alltags! Gib dem Tagesablauf deine Struktur! Wenn dein Tag dich bereichert, deine Kreativität fördert, nimmt dein Leben Gestalt an.

Vorurteil überwinden

Im Vorurteil nehmen wir das Urteil vorweg, bevor wir uns mit dem Gegenstand unseres Urteils befasst haben. Dabei stellen sich die Fragen: In welchen Bereichen sind Vorurteile am stärksten zu finden? In welchen Bereichen gibt es weniger oder keine Vorurteile?
Vorurteile erzeugen ein gesellschaftliches Klima, in dem Toleranz Mangelware ist. Menschen, die darunter leiden, sehen sich nicht anerkannt und aufgenommen, sondern abgewertet. Wenn Menschen nicht unserer Norm entsprechen, bestätigen wir das Vorurteil. Deckt unsere Norm alle Aspekte des menschlichen Lebens ab? Toleranz, Verständnis und Anerkennung sind Werte, die eine Kultur lebendig machen. Menschen mit eigener Persönlichkeit bauen sich ihr Haus des Lebens ohne scharfe Kanten.

Altern: Inneres Wachstum

Im Älter werden zeigt sich die Stärke der Frauen. Älter werden geschieht für Frauen zunehmend im Umfeld gleichaltriger Geschlechtsgenossinen. Unter gleichaltrigen Frauen wächst das Bewusstsein und das Verständnis für die gemeinsam geteilte Lebenssituation. Äußere Merkmale des Alterns wie Falten, Unbeweglichkeit und Einschränkungen verlieren im Prozess des inneren Wachstums bei Frauen an Bedeutung. Über das innere Wachstum erreichen wir innere Freiheit und Unabhängigkeit, selbst wenn die äußere Abhängigkeit zunimmt.

Vergeben: Tugend des Menschen

Wer kann leichter vergeben, der schwache oder der starke Mensch? Warum sollen wir vergeben? Können wir es nicht der Zeit überlassen? Elternhaus, Religionen, Schule, Gesellschaft geben mögliche Verhaltensweisen vor. Erst wenn wir die Auflösung negativer Gefühle erreichen, lösen wir uns von Menschen und Situationen, werden frei. Vergeben bedeutet, Freiheit gewinnen für einen Neuanfang.

Preisverfall/Werteverfall

Die Autorin landet beim Schlendern durch die Innenstadt vor einer Buchhandlung. In einer der Bücherkisten, die vor dem Schaufenster des Geschäftes stehen, sieht sie ihr letztes Buch – zum Sonderpreis von 5,90 Euro. Das schlägt bei ihr ein wie der Blitz. Was hatte sie nicht alles in das Buch investiert – an Zeit und Geld! Ein Passant neben ihr nimmt das Buch in die Hand und ist begeistert, dieses begehrte Werk so günstig zu erwerben. Das versöhnt die Autorin. Sie weiß, dass der reduzierte Preis in keinem Fall den Wert ihres Buches wiedergibt. Ihr geistiges Eigentum wird dadurch nicht berührt.

Liebe: Wunschbild

Mach dir kein Wunschbild von deinem Partner oder von anderen Mitmenschen. So bist du frei von Erwartungen, Vorurteilen und möglicher Intoleranz. Du wirst später niemandem den Vorwurf machen: «Du bist nicht der/die, für den/die ich dich gehalten habe.» Nimm den Partner, den Mitmenschen an, wie er ist, um seine Entwicklung zu begleiten.

Liebe bedeutet nicht Besitzanspruch. Loslassen, damit der andere wichtige Schritte gehen kann, lässt uns gemeinsam voran schreiten.

Spiegelbild: Wahrheit

Betrachte dein Gesicht im Spiegelbild des ruhigen Wassers, am Ufer eines Sees. Frage dich, was du siehst. Die Wahrheit ist eher in der Stille zu erkennen. Abseits von der Hektik des Alltags und des täglichen Weltgeschehens. Abseits von Scheintätigkeiten, in die wir uns gerne flüchten. In der Stille begegnen wir uns. Nimm dir Zeit für dein Spiegelbild.

Einstellungen: Entdecken

Zum technischen Gerät erhalten wir eine Beschreibung und eine Gebrauchsanweisung. Wir können es einschalten, nach unseren Bedürfnissen bedienen und ausschalten. Können wir die Bedienung des Gerätes nicht als Modell für unser Leben annehmen? Wäre so nicht Vieles einfacher? Statt dessen suchen wir bei einem Radio den richtigen Sender, den besten Empfang, und finden nach einigem Suchen den richtigen Platz für das Gerät. Lassen wir die Gebrauchsanweisung einfach liegen. Wir zerlegen das Gerät in seine Einzelteile. Wir stellen fest, dass wir Teile weglassen, verändern oder hinzufügen können. Dabei entdecken wir Neues und schaffen unser eigenes Gerät.

Entstehen, zerstören

Wir finden großartige Werke in der Welt. Im Gefüge von Noten erklingt Musik. Formen und Farben lassen die Komposition eines Bildes erkennen. Ein in Stein umgesetzter Bauplan lässt ein Bauwerk entstehen. Im Spiel der Worte ergreift uns ein lyrischer Text: ein Gedicht, eine Ballade.

Wir begegnen fassungslos der Gewalt, die Menschen und ihr Werk zerstört: in Kriegen, Zerstörungen, Bestrafungen. Die helle und die dunkle Seite des Menschen werden im Werk und seiner Zerstörung sichtbar. Wenn wir das Gute in uns stärken, arbeiten wir am Guten in der Welt.

Der neue Tag: Anfang und Ende

Der neue Tag bricht an: mit seinen Aufgaben, Ansprüchen und Herausforderungen. Bei Sonnenaufgang erscheint alles möglich. Wir sind voller Zuversicht. Am Ende des Tages ziehen wir Bilanz: Wir haben die gesuchten Lösungen nicht gefunden, die erwarteten Leistungen nicht erbracht, die Herausforderungen nicht gemeistert. Der Tag erscheint uns leer und nutzlos. Bei Sonnenuntergang können wir uns mit dem Tag versöhnen. Es gibt keinen Fortschritt ohne scheinbaren Stillstand.

Geliebter Mensch: Wohlwollen

Schau mich an und ich sehe, wie du gesehen werden möchtest. Der Blick eines nahestehenden, geliebten Menschen ist frei von Neid, Hass, Missgunst. Er ist voller Wohlwollen. Wir folgen diesem Menschen in seinen Talenten, Fähigkeiten und persönlichen Entwicklungen. Was kann ich tun, um ihn zu fördern? Bin ich bereit, Freiheit zu geben, wo sie Bedeutung erhält?

Reisen: Wege zu sich selbst

Du stehst mit deiner Reisetasche am Bahnhof. Du bist jung, nach dem Gesetz mündig und erwachsen. Die Eltern haben Dinge in deine Reisetasche gelegt, die dir überflüssig vorkommen. Die vielen Richtungen und Möglichkeiten verwirren dich. Was ist dein Ziel? Welcher Weg bringt dich dorthin? Unsicherheit stellt sich ein? Erlerntes und Erfahrenes wird abgefragt. Geh, mach dich auf den Weg. Erprobe das Neue, um auf dem Weg zu dir selbst dich besser kennen zu lernen.

Selbst genähte Kleider

Selbst genähte Kleider hängen im Schrank. Die Schranktür klemmt. Selbst gemalte Bilder, übereinander gestapelt, füllen die Regale. Aufsätze füllen Ordner, die sich nicht mehr schließen lassen. Extrakte aus gelesenen Büchern sind in Rezensionen geflossen, deuten das Gelesene. Detaillierte Reiseberichte und Erlebnisse finden sich in Buchmanuskripten. Fotos spiegeln Lernprozesse, die hinter den Bildern liegen. Ein mit Mühe eingeübtes Klavierstück verblasst, wenn die letzte Note erklingt. Alles braucht Zeit, Übung und die Bereitschaft, durch Tun zu lernen. Will ich in meinem Werk einen Grad von Vollkommenheit erreichen, dann wachse ich durch Lernen und Schaffen.

Entschleunigung

An den Giebeln von Fachwerkhäusern erzählen die ins Holz geschnitzten Zeichen und Zahlen eine Geschichte. Holprige, ausgefahrene Wege schlängeln sich durch das ruhig gelegene Dorf. Die Haustüren stehen offen. Die Gardinen in den kleinen Fenstern sind zur Seite geschoben und laden zum Verweilen in den Räumen ein. Über den Gartenzaun werden dem Nachbarn Kirschen gereicht. Im Schatten der großen Eiche sitzen auf der Holzbank Menschen, die sich ihre Tagesgeschichten erzählen. Hier findet die entschleunigte Zeit ihren Lebensraum. Vergangenheit und Gegenwart sind eins. Am Abend des Tages ist Zeit, achtsam nach innen und außen zu schauen. Geben wir dem Bedürfnis nach Langsamkeit nach, sind wir für die Zeit der Beschleunigung gerüstet.

Wettkampf

Der Startschuss fällt. Wir rennen um unser Leben, auf einer mehrspurigen Rennbahn. Unser Ziel ist es, Erste oder Erster zu sein. Wir wollen uns nicht überholen lassen, wollen siegen: einen Pokal, eine Medaille gewinnen, eine Ehrung erhalten, ausgezeichnet werden. Im nächsten Wettkampf passieren wir erneut die Ziellinie. Wir haben die Konkurrenten im Auge, lassen sie hinter uns, bis wir nicht mehr können. Ohne jede Vorwarnung werden wir aus dem Rennen genommen, landen auf der Ersatzbank. Unsere Nachfolger raten uns, möglichst nicht zu stören, uns nützlich zu machen, «ruhig – still – dankbar» zu sein.
Sollen wir unsere Zweifel vergraben? In einer Welt, die sie nicht zulässt?
Sei nicht verzweifelt, frage dich, ob sich der Wettkampf lohnt, ob er Sinn macht. Wenn nicht, erzähle deine Gedanken dazu weiter.

Drei Welpen

Drei Welpen waren herangewachsen.
Der erste Welpe sprang lebendig herum. Er war kräftig von Wuchs, das dichte Fell glänzte in der Sonne. Er wedelte mit dem Schwanz, animierte mit seinem Bellen die Erwachsenen, mit ihm zu spielen. Immer wieder schnappte er nach dem zugeworfenen Ball. Die Erwachsenen sahen seine großen, starken Reißzähne.
Der zweite Welpe war während seiner Entwicklung getreten und beschimpft worden. Meistens saß er ängstlich in einer Ecke, die schwer zugänglich war. Er fraß wenig und bellte leise. Das glanzlose Rückenfell stand aufrecht wie eine Stahlbürste, wenn er seinen Herrn erblickte. Seine wachen Ohren hörten auf den fröhlichen Lärm der Kinder, die mit ihm spielten.
Der dritte Welpe erschien jämmerlich mit seiner dünnen und kleinen Gestalt. Sein Körperbau war zurückgeblieben. Seine Augen schauten trübe und traurig. Sie waren kaum zu erkennen, da die Hundehütte im Keller stand, ohne Fenster, ohne Licht.
Drei Welpen, die sich unterschiedlich entwickelten.
Der erste wuchs in der Wärme des Lichts auf. Die Menschen liebten ihn.
Der zweite wuchs im Schatten auf und wurde vernachlässigt.
Der Dritte vegetierte in Dunkelheit und Kälte vor sich hin, litt unter der Verwahrlosung.

Diese Ungleichheit im Sein und Werden der Welpen ist im Tierheim für alle sichtbar, klagt uns an.
Übertragen wir den lautlosen Schrei ihrer Seelen auf die Menschen, sind wir im Alltag unserer Schwestern und Brüder angekommen.

Besonnenheit

Unsere Welt ist nicht vollkommen. Es gibt immer Gründe, zu kritisieren. Wenn wir nur Mängel und Schwächen aufzeigen, verlieren wir die Freude am Leben. Unsere Welt wird nie vollkommen sein.

Sind wir besonnen, verfallen wir nicht in Hektik oder Schlamperei. Wir warten ab, zeigen neue Positionen auf, lassen Antworten wachsen. Wir lenken die Emotionen in andere Bahnen.

Alltag

Das Außergewöhnliche muss es sein, das Besondere. Nicht der Alltag mit seinen Wiederholungen und Routinen. Wir suchen, was das Normale überschreitet und werten das Alltägliche ab. Wir vergessen, was ein strukturierter Alltag, mit Routine, Sicherheit und Stabilität, bietet.

Sinne

Beginnen Sie den Tag, indem Sie mit Ihren Sinnen die Natur aufnehmen: Den Gesang der Vögel, den Duft von Blüten, Erd- Gras- und Tannengerüche, die ein leichter Wind verbreitet. Gehen Sie über die Wahrnehmung hinaus. Versuchen Sie, in das Wesenhafte der einzelnen Erscheinungen einzudringen.

Die Natur hält für Ihre Sinne Staunen, Sinnenfreude und Erkennen bereit.

Kränkungen

Eine Lebensweisheit sagt, dass wir Kränkungen vergessen sollen, aber niemals vergessen dürfen, was man uns Gutes getan hat.

Menschen können Mitmenschen kränken, beleidigen, bloß stellen, diffamieren, herabsetzen, erniedrigen, demütigen, entwürdigen. Es geschieht bewusst oder spontan.

Wir sind zutiefst verletzt. Menschen sind unterschiedlich. Sie haben ihre Beweggründe, sich in Situationen zu verhalten. Sie werden durch Sozialisation, Elternhaus, Schule und Vorbilder geprägt.

Besinnen wir uns auf Menschen, die uns wohlwollend begleitet haben, so zeigen wir Gutes, wenn wir Fragen stellen, unsere Verwunderung zum Ausdruck bringen, deutlich machen, dass wir die Kränkung nicht verstehen.

Wir belasten unsere Gefühle nicht.

Geistiger Raum:
Entfaltung und Befreiung

Geistiger Raum

Ich stelle mir einen geistigen Raum vor:
Er ist individuell im Grundriss, ohne Türen und Begrenzungen, im Raum und in jeder Ecke ist es hell, der Raum ist in alle Richtungen begehbar, ohne Barrieren und Stolpersteine. Ich kann meinen Raum unter denselben Bedingungen unendlich erweitern, kann in ihm alles denken, tun, erproben, neu schaffen, erfinden, meiner Phantasie freien Lauf lassen. In diesem Gebilde kann ich wachsen und wachsen lassen.
Die gedanklichen Impulse, die aus den kontemplativen Meditationen entstehen, werden aufgeschrieben, um diese zu einem anderen Zeitpunkt in das eigene Leben aufzunehmen.
Sich selber als Teil im Netz allen Geschehens sowie Nichtgeschehens zu begreifen und als Gestalter für eine humanere Welt zu erleben, ist das Ziel unseres gemeinsamen Nachdenkens.
In dieser Geisteshaltung wird sich der geistige Raum entfalten und zur inneren Befreiung führen.

Verantwortung

Häuser stürzen ein, weil aus Kostengründen zu wenig Betonmasse verwendet wurde.
Ein Zug entgleist, weil der Zugführer mit seinem Handy gespielt hat.
Eine Brücke stürzt ein, weil die Statik nicht stimmte.
Migranten strömen ins Land, obwohl sie niemand haben möchte.
Das Leid dieser Menschen ist groß. Der Schuldige wird gesucht. Gegenseitige Schuldzuweisungen verschieben die persönliche Verantwortung.
Der Mensch will in Ruhe gelassen werden und keine Verantwortung übernehmen. Er delegiert sie gerne an einen von ihm eingesetzten oder von ihm gewählten Verantwortlichen. Wozu steht der Mensch?
Er will nicht leiden, will keinen Schmerz, keinen Hunger, keine Entwurzelung, keine Demütigung. Er sehnt sich nach einem verantwortungsfreien und erträglichen Weltbild. Für eine Lebensauffassung, die uns persönlich und eine Gesellschaft trägt, müssen wir bereit sein, für unser Handeln Verantwortung zu übernehmen.

Wechselseitige Bezogenheit

Ein ganzes Leben stehen wir in wechselseitiger Bezogenheit: Gesundheit – Krankheit, Erfolg – Misserfolg, Leben – Tod, Lust – Unlust, Frieden – Krieg.
Zwischen diesen schwankenden Elementen leiden wir in unterschiedlichem Maße oder sind zufrieden. Wir streben nach einer Balance. Bewährte Orientierungen verlieren immer mehr an Gültigkeit. Im Strom zu schwimmen, muss nicht richtig sein. Eine hingenommene, äußere Lenkung vollzieht sich unkontrolliert in der Masse und diese bleibt verführerisch. Stellen wir uns ihr entgegen.
Wenn eine wechselseitige Bezogenheit zum Leben gehört, leben wir damit besser, diese instabile Beziehung entweder wie ein Lebensgesetz zu akzeptieren oder ein Gegengewicht zum Ausgleich zu schaffen.

Heimat

Völkerwanderungen haben auf unserem Planeten ein unüberschaubares Maß angenommen. Migrantenströme suchen Schutz.
Länder bauen Mauern und Zäune, die sich als Unwillen in die Seelen der Heimatsuchenden schleichen.
Sie fühlen sich im neuen Land entwurzelt und entfremdet.
Bieten wir Orte gemeinsamer, kultureller Überschneidungen im Denken, in Sprache und Ideen. So erreichen wir gegenseitige Bereicherung.

Dank

Wir klagen über Migrantenströme, über zu niedrige Löhne, über Konsummängel, über schlechte Ärzte, über unsauberes Wasser, über Insolvenzen. Wir dulden die Ausbeutung von anderen Ländern. Wir ignorieren die weltweite Umweltverschmutzung. Wir jammern auf hohem Wohlstandsniveau in unserem Lande.

Wir vergessen zu leicht, dass wir keinen Hunger erleiden, jedem eine Ausbildung zusteht, dass wir ohne Gewaltanwendung im Rechtsstaat unser Recht einklagen können, die soziale Sicherheit ein Existenzminimum garantiert, Forschung das Leben erleichtert.

Klagen und Jammern fallen leicht.

Eine Frau klagte über kalte Füße, bis ich in Kambodscha eine Frau traf, die blind geworden war durch Batteriesäure.

Fließen

Die Moldau fließt wie eine Schlange durch die Täler. Sie wird breiter, wieder schmaler, ändert ihre Fließgeschwindigkeit, nimmt Segmente auf, lagert sie in neuer Landschaft ab, schwillt an, zerstört durch Überschwemmung und Erdrutsche und fließt weiter.
Nichts auf unserem Planeten ist stabil und fest. Weder Erkenntnisse noch Biografien, Theorien, Gesellschaften, Regierungen, Beziehungen, technische Errungenschaften.
Alles fließt, verändert sich, vergeht, wächst, reift.
Wir sind der ständigen Bewegung ausgesetzt.
Welch große Chance liegt in jeder Leben spendenden Phase des Fließens!

Harmonie

Der «Goldene Schnitt» besagt, dass der kleine Teil in demselben Verhältnis zum großen Teil steht, wie der große Teil zum Ganzen.

Dieses Harmoniegesetz finden wir in der Malerei, Fotografie, Skulptur, Architektur, in Räumen, in der Natur. Die Menschen bestaunen, bewundern, begreifen jene menschlichen Werke und Erscheinungen in der Natur, in denen die Größenverhältnisse nach dieser Formel Anwendung finden. Sie sind von deren harmonischer Wirkung fasziniert.

Menschen suchen nach diesem Harmoniegesetz, aber finden es nicht.

Erschließen wir uns die Schönheit der Harmonie über unsere Intuition, dann erkennen und begreifen wir sie. Die Ausgewogenheit wird zur Vollkommenheit für das Maß aller Dinge.

Tourismus

Bergsteiger sind am Gipfel angelangt, haben dabei Touristenschlangen auf breiten Pfaden überholt.

Wie viele andere sind sie unterwegs, suchen das Abenteuer, Anerkennung, oder flüchten an Plätze, um sich und der Wirklichkeit zu entkommen.

Sie verlassen ihre gewohnte Umgebung, die ihnen Geborgenheit gibt. Unterwegs sein wird zum Zeitgeist und Ziel. Die Stille wird gemieden, um Zerstreuung in der Unruhe zu finden.

Wer unterwegs ist, sollte sich regelmäßig auf die Orte der Geborgenheit besinnen, um dort neue Kraft zu tanken.

Sensationsgier

Neugier ist eine wichtige Eigenschaft, um unseren Wissensdurst zu stillen. Dazu gehören Fragen.
Die Neugier wird immer häufiger durch das Angebot an Sensationen befriedigt. Spektakuläre Autorennen, waghalsige Sprünge, Wettkämpfe mit bewusst geplanten Bedingungen für Unfälle werden miterlebt oder im Fernsehen gezeigt. Die Nachfrage nach vordergründigem Klatsch wird in der Regenbogenpresse bedient. Menschen gleiten in die Gier nach Sensation, die unbefriedigt bleibt.
Die Neugier, diese wichtige Eigenschaft des Menschen, führt so nicht zur Erlangung von Wissen, um Unwissenheit zu beseitigen.
Nutze deine menschliche Neugier für das Lesen eines Buches, höre dir einen wichtigen Vortrag oder eine interessante Rede an, schreibe eine Idee auf, die Menschen in deinem Umfeld weiterhilft. Konzentriere dich auf diese Medien. Sie sind es wert. Mit diesem Wissen erhältst du Antworten auf die Fragen, die hinterfragen. Dann bist du frei von Medienlenkung durch andere.

Vorschriften

Überall wächst der Schilderwald – im Straßenverkehr, in Parkanlagen, in Wäldern, auf Autobahnen, in Freizeitzentren. Gebote und Verbote diktieren unser Verhalten. Drähte werden gespannt, Felsblöcke versperren Wege, Trampelpfade werden zugeschüttet. Vorschriften, wohin das Auge schaut.
Zorn darüber wächst und verdichtet sich zu Aggressionen und Gewaltanwendung.

Sprache

Ein Abteilungsleiter sagt zu einer Verkäuferin: »Schon wieder haben Sie das falsch gemacht.«
Sie antwortet: «Das habe ich noch nie gekonnt. Ich werd's wohl nie begreifen. Ich hab Probleme damit.»
Die Kolleginnen hören mit und lächeln schadenfroh.
Die Verkäuferin entlarvt mit ihrer Wortwahl und Formulierung ihre eigene Selbsteinschätzung. Durch ihre Reaktion akzeptiert sie die Beurteilung ihres Chefs.
Die Sprache ist ein Werkzeug im Umgang mit Menschen. Statt in ihrer Antwort auf eigene Probleme hinzuweisen, könnte sie die Aussage des Chefs als persönliche Herausforderung formulieren, indem sie sagt: «Beim zweiten Versuch werde ich es schaffen. Sie werden sehen.»
Negative Formulierungen in positive zu verwandeln schafft neue Wirklichkeiten, die uns und andere beeinflussen.

Krisen überwinden

Die eigene Krise ist schwer zu ertragen. Der Schmerz ist groß. Er steht im Zentrum unserer Betrachtung und blendet das Leid anderer aus. Er macht uns einsam, das Ende ist unbekannt.

Wir sehen nicht, dass Leidenszeiten auch persönliche Entwicklungen andeuten und vorantreiben, weil der Verlauf dieser Zeitspanne unbekannt und nicht überschaubar ist.

In den Biografien von Menschen ist überwundenes Leid zu einem tragenden Pfeiler geworden. Diese erlebte, gelebte Säule könnten wir in strategischer Absicht in unserem Tempel errichten, wenn nach der Krise wieder die Sonne aufgeht.

Arbeit zum Leben

Ein Fischer sitzt in seinem Boot und döst in der Sonne. Ein Tourist fordert ihn auf, noch einmal hinauszufahren, um Fische zu fangen, deren Verkauf sein Einkommen erhöhen wird.

Der Fischer denkt: Lebe ich, um zu arbeiten oder arbeite ich, um zu leben? Brauche ich den Verkauf, um morgen satt zu werden?

Wenn wir nicht arbeiten, um zu überleben, kann Arbeit Verwirklichung ohne Profitgier bedeuten? Selbstbestimmung ohne Zwänge? So wird Arbeit sinnvoll. Wir arbeiten, während die Sonne scheint.

Ritual

Am Ende eines Jahres werden am 31.12. in der Familie Geschichten vorgelesen, die sich im zurück liegenden Jahr ereignet haben. Gemeinsam wird ein reflektierendes Resümee gezogen, für das kommende Jahr werden Wünsche und Hoffnungen geäußert.
In der Erzählung der Geschehnisse wird bewusst, was gelungen ist und was wir besser machen können. Was haben wir in unser Leben eingebunden? Von welchen Themen oder Dingen haben wir uns verabschiedet? In der Zweisamkeit ist dies ein starkes Ritual.
Das Ritual ist ein Angebot an Offenheit, die es ermöglicht, sich gegenseitig zu verstehen, persönliche Verdrängungen zu vermeiden, gegenseitige Beziehungen wachsen zu lassen.

Auszeichnung

Gestern und heute werden geputzte Metallteilchen ans Jackett geheftet. Goldene Streifen am Ärmel zeigen den Status des Trägers an, dieser erwartet Achtung und Beachtung. Blinkende Nadeln am Kragen dokumentieren Erreichtes und Zugehörigkeit. An der Uniformmütze signalisieren Abzeichen den Rang und fordern Gehorsam ein.

Wofür sollen wir diese Menschen loben oder ihnen Anerkennung geben? Der Dekorierte erfreut sich und nimmt sich oft heraus, dem anderen gönnerhaft auf die Schulter zu klopfen: Du stehst niedriger als ich. Die Erinnerungen an die Vergangenheit des Nationalsozialismus sind traurig und beschämend.

Prüfen wir die Abzeichen und verzichten auf sie, weil wir unseren Wert selbst einschätzen und nicht nach außen tragen wollen.

Recht

Kinder spielen ein Ratespiel und haben dabei die Augen verbunden. In ihrer Mitte steht ein einen Meter großes Tier aus Holz, welches sie durch Tasten erraten sollen. Gabi befühlt die langen Beine: «Es ist ein Vogel.» Peter ertastet den Kopf. «Ein Känguru!», schreit er. Nachdem zwei weitere Kinder den großen, runden Rücken vorsichtig erkunden, platzt es aus dem Mädchen heraus: »Klar, das ist ein Bär.« Ein kleiner Junge kommt hinzu, gleitet mit seinen Fingern langsam von oben nach unten und schlängelt sich durch die Beine des Tieres. «Ich glaube, das ist ein Hund.»

Die Augenbinde wird entfernt. Das Holztier schaut die Kinder an und freut sich, dass sie es nicht erraten haben und fordert sie liebevoll auf, es erneut zu betasten und zu betrachten.

Oft zeigt sich uns nur ein Teil der Wahrheit, die uns recht gibt, aber dem Mitmenschen auch. Jede Ansicht enthält einen Teil der Wahrheit.

Gelingt es, die Sichtweise anderer ernst zu nehmen, bereichert es uns in differenzierter Betrachtung von Wahrheiten.

Kritik

Regelmäßig habe ich Schüler mit einem Fragebogen gebeten, mir über meine Tätigkeit als Lehrerin schriftliche, anonyme Rückmeldungen zu geben. Ebenso habe ich Verbesserungen vorgeschlagen und Positives benannt. Wir lernten durch gegenseitige, maßvolle Kritik.
Besonders Menschen, die Dienstleistungen erbringen, sollten sich nicht nur selbst einschätzen, sondern regelmäßig eingeschätzt und von Außenstehenden beurteilt werden.
Das gilt für Ausbilder, Ärzte, Versicherungsvertreter, Polizisten, Pfleger und für Präsidenten eines Landes. In der Familie, im Bekanntenkreis sind offene Gespräche von Nutzen, wenn sie mit konstruktiver Kritik verbunden werden.

Gedankliche Ordnung

Wir wollen alles gleichzeitig machen.
Eine Mutter von Kleinkindern muss im Alltag viele Dinge gleichzeitig tun, schafft sie es nicht, gibt es Unordnung oder Chaos. Erledigt sie notwendige Dinge nacheinander, verliert sie Zeit.
Gedankliche Ordnung zahlt sich aus. Wir sind konzentrierter, aufmerksamer und die durchgeführten Aufgaben gelingen. Das Chaos tritt nicht ein.
Überlegtes, klares, folgerichtiges, vernünftiges Handeln widerspricht der Unordnung, der Achterbahn in den Gefühlen, der Planlosigkeit und dem Durcheinander.
Geistige Disziplin lässt den Strom gedanklicher, abschweifender Assoziationen nicht zu.

Gelassenheit

Der Asiat ist bekannt dafür, dass er das Lächeln von innen ohne Maske nach außen trägt.
Mit dem Lächeln sind wir gelassen.
Gelassenheit befähigt uns zu Toleranz anderen und uns selbst gegenüber. Im Geltenlassen des Andersseins gehen wir aufeinander zu. Wir sind weniger in vieles verstrickt und wir können gemeinsam lachen, ohne uns auszulachen oder lächerlich zu machen.
Empfinden wir Fröhlichkeit, lachen wir oder sind ausgelassen im Einklang mit Gelassenheit.
Wir brauchen dann nicht das Gesicht zu wahren, weil das Lächeln in uns ist.

Überforderung

Wir können ein Kind durch Aufgaben überfordern. Eltern gefährden ihre Kinder, wenn sie eigene, nicht erfüllte Leistungsansprüche auf ihre Kinder übertragen. Ein Erwachsener reagiert auf Überforderung mit Aggression, Gewaltbereitschaft, Ängsten, Depressionen. Oft erkennen wir zu spät, dass die Aufgaben falsch gestellt wurden. Wir tun gut daran, unsere Erwartungen zu überprüfen.

Geschehen lassen

Auf Sri Lanka gibt es einen großen Flughafen ohne Flugzeuge, ohne Fluggäste. Dazu ein nahe gelegenes Krankenhaus, in dem weder Ärzte noch Patienten sind, eine Zubringerautobahn, auf der keine Autos fahren. Die derzeitige Situation spiegelt die Abhängigkeits- und Machtverhältnisse zwischen Sri Lanka und China wider. Die Welt im Großen und die Dinge im Kleinen sind nicht so, wie wir sie gerne hätten. Wird der persönliche Leidensdruck unerträglich, sind wir bereit für Veränderungen.

Mensch sein

Mit Sein und Werden lässt sich das Wesen des Menschen umfassen. Sein spiegelt einen Ist-Zustand wider. Werden gleicht dem Fluss, der von der Quelle bis zur Mündung fließt. In jedem Sein ist ein Werden enthalten. Wer sich dem Werden verschließt, versteinert im Sein. Wer sich nicht bewegt, dem ist jeder Weg zu viel. Auf dem Weg sein ist glücklich sein.

Perspektiven

Perspektive

Aus welcher Perspektive wollen wir eine Gesellschaft betrachten?
Nehme ich die Froschperspektive ein, fühle ich mich ohnmächtig. Schaue ich mir die Gesellschaft aus der Vogelperspektive an, empfinde ich Macht.
Ereignisse in unserem Umfeld beeinflussen uns und drängen uns einerseits in die Froschperspektive, die uns klein, zertretbar, abhängig erscheinen lässt. Aus der Vogelperspektive erscheinen uns die Ereignisse steuerbar. Wir fühlen uns groß, erhaben, unabhängig, überlegen.
Es gibt Dinge, die wir entscheiden und damit unser Umfeld beeinflussen können.
Wir verhalten uns hilflos, wenn wir Geschehnisse als Schicksal hinnehmen. Nehmen wir das Steuerrad selbst in die Hand, können wir den Kurs bestimmen. Das Steuerrad mit Verantwortlichkeit zu führen, auf Augenhöhe mit den Mitmenschen, ist Führungsstärke ohne Machtmissbrauch.

Rassismus

Neben einer Herrgottsfigur arbeiten zwei Männer am Wegesrand. Sie stellen ein Schild auf, welches durch die Verpackung noch nicht lesbar ist. Ein Passant tritt hinzu und fragt, was auf dem Schild stehe. «Wir können ja mal schauen», sagt einer der Arbeiter. Der andere gräbt die Grube aus, um den Holzpflock hinein zu rammen. Der Arbeiter entfernt die Verpackung und dreht es in Blickrichtung des wartenden Passanten. Beide lesen das Schild stillschweigend. Der Arbeiter erklärt, dass sein Vorgesetzter die Aufstellung dieses Schildes angeordnet habe. Auf dem Schild steht: Hier sind Mohammedaner unerwünscht.
Während des Nationalsozialismus haben die Machthaber ebenfalls große Schilder aufgestellt: An diesem Ort sind Juden unerwünscht.
Willkommenskultur sieht anders aus.
Zum Beispiel: Bürger feiern gemeinsam mit Migranten das neue Zuhause im Schutz vor Gewalt, Folter und Tod. Ob Christus oder Mohammed – wir Menschen müssen dafür sorgen, dass an keinem Ort Rassismus vorherrscht. Wir haben nicht nur eine kollektive Verantwortung, sondern auch eine persönliche den Mitmenschen gegenüber.

Liebe

Nimmst du nur die Leinwand in die Hand, entsteht kein gemaltes Bild. Zupfst du nur an den Saiten einer Geige, schleicht sich keine Melodie in deine Ohren, bewegst du nur den Spachtel in der Hand, entwickelt sich keine Skulptur, zählst du die Buchen im Park, fehlt die Beziehung zur Natur.

Ein Leben ohne Liebe bricht in sich zusammen. Wir können Menschen lieben, eine Aufgabe, ein Hobby, Tiere, unsere Heimat, die Natur. Alles ist möglich. Die Lebensjahre zählen nicht, unsere Empfindungen sind maßgebend.

Liebe ist die tägliche Nahrung, ohne die wir verhungern. Liebe endet, wenn wir zu hoffen aufhören. Liebe kommt einer Bitte zuvor.

Es gibt keinen Ersatz für Liebe.

Welle

Gerne schwimmen wir im Wasser mit dem Strom. Gegen den Strom zu schwimmen kostet Energie. Erreichen wir trotz des hohen Krafteinsatzes das Ziel nicht, sind wir erschöpft und ertrinken, wenn wir nicht rechtzeitig Hilfe erhalten.

Ist der Strom im System zu mächtig für uns oder sogar übermächtig, machen wir uns viele Feinde oder Gegner, die ihre Macht demonstrieren wollen.

Auf der Welle zu schwimmen ist am effektivsten. In den Wellentälern schützen wir uns vor der Gischt des salzigen Wassers und nutzen den Wellenberg in seiner Kraft für unsere Zwecke.

Den Schwung der Wellen benutzen wir zum richtigen Zeitpunkt mit engagierten, qualifizierten und gleichgesinnten Menschen für eine Idee, ein Projekt, eine lohnenswerte Aktion.

Der Baum

Es gibt im Teutoburger Wald einen Baum, zu dem ich eine besondere Beziehung entwickelt habe. Im Frühjahr sind seine Blätter lichtgrün und seidig behaart. An den braungrauen Ästen findet der Betrachter abgerundete, einförmige, vorne zugespitzte Blätter mit welligem, leicht gezähntem Rand. Mein Laubbaum ist schlank mit einer glatten, grauen Rinde. Sein Stamm ist kräftig und mündet in eine domartig gewölbte, dichte Krone. In der Mitte des Baumes breiten sich die zahlreichen Äste weit aus und bilden einen aufgespannten Schirm, der vielen kleinen Pflanzen Schatten spendet. Im Herbst färben sich die dunkelgrünen Blätter in ein leuchtendes Gelb und Rot bis Rotbraun. Ich schätze ihn auf ca. 25 Meter hoch.

Im Laufe der zahlreichen Jahre hat sich der große, hohe Stamm zur Seite geneigt. Regelmäßig bleibe ich demütig vor meinem Baum stehen, begrüße, bewundere ihn in seiner Pracht und hänge an diesen Baum meine Gedanken, leichte wie schwere.

Dieser Baum ist ein bedeutungsreiches Symbol als kosmischer Baum, denn er bildet eine Verbindung zwischen Himmel und Erde, zwischen Makrokosmos und Mikrokosmos, zwischen Mensch und Natur. Ich wünsche dir, dass du ebenfalls in der Natur ein für dich bedeutsames Sinnbild findest, vor dem du ehrfurchtsvoll und wertschätzend verweilen kannst.

Reisen

Warum reisen wir?
Wir treffen Menschen an anderen Orten, die Zuhause bleiben und keine Zugvögel sind wie wir. Die Einheimischen genießen ihren wohlgeordneten Alltag. Wir sind mitunter neidisch, dass sie jetzt schon in der Sonne liegen und wir erst in einigen Jahren im Rentenalter.
Wenn wir unseren Ort nicht ständig verlassen, sind wir dann glücklicher? Oder leiden wir darunter, etwas unterlassen zu haben?
Die möglichen Erfahrungen auf Reisen, die wir noch erleben wollen, sind später nicht mehr möglich.

Bedeutung des Menschen

Wir schauen uns eine Dokumentation an mit dem Titel: Die Suche nach der eigenen Bedeutung des Menschen. Computeranimationen machen es möglich, dass wir den Urknall von vor 14 Milliarden Jahren im Fernsehen beobachten können. Wir erleben am Bildschirm die inflationären Energien, die sich zu unendlichen Universen ausgebreitet haben. Die These wird aufgestellt, dass wir die Entwicklung des Menschen dem Zufall verdanken, weil Lichtgeschwindigkeit, Gravitations- und Relativitätsbedingungen in ihrer Konstellation so beschaffen waren, dass menschliches Leben entstehen konnte. Wie durch Zufall hat sich der Planet Erde entwickelt und der Mensch ist das Ergebnis eines zufälligen Evolutionsverlaufs.

Die Zeit der Aufklärung hat erneut begonnen. Sie macht es uns schwer, den Sinn zu finden, zumal es die Mitte nicht mehr gibt, in der sich der Mensch bislang befand. Macht es überhaupt Sinn, über die Bedeutung des Menschen nachzudenken? Ein sinnvolles Leben ergibt sich durch Erleben, oder durch schaffende Tätigkeit. Wenn eine ausweglose Situation gemeistert wird, oder indem wir uns unabänderlichen Situationen anpassen, ist das Leben sinnvoll. Die eigene Bedeutung ist täglich erfahrbar.

Begeisterung

Es entsteht kein Schiff, wenn Eisenplatten nur auf der Helling liegen, wenn nicht die richtigen Werkzeuge zur Verfügung stehen, wenn die Arbeit nicht persönlich auf- und zugeteilt wird, wenn Menschen auf einer Schiffswerft nicht die Sehnsucht nach einem seetüchtigen, robusten, wetterfesten, modernem Schiff im Herzen tragen und begeistert sind, dieses Schiff zu bauen.
Der Mensch, der begeistert ist, wird auch die Schwierigkeiten aus dem Wege räumen, um das angestrebte Ziel zu erreichen.
Fremdbestimmte Arbeit ist seelenlos.
Nach gemeinsamer Arbeit kann der Stapellauf stattfinden.

Partnerschaft

Die Rolle der Frau als Fürsorgerin ist in unserer Zeit weder angemessen noch erstrebenswert. Die männliche Rolle als ausschließlicher Versorger trifft immer weniger zu. Die zur Scheidung Entschlossenen beanspruchen mehr Freiheit. Mit dem Austausch des Partners wird eine neue Glücksphase eingeleitet, belastende Situationen werden weggeschoben. Bewährtes geht verloren, Mitmachen ist erlaubt. Die Scheidungsquote steigt jährlich.
Eine stabile Beziehung muss erarbeitet werden. Dazu gehören Hilfsbereitschaft, die Wertschätzung der Fähigkeiten des Partners, Freude und Geborgenheit und das gemeinsame Aushalten in belastenden Situationen. Auf dieser Basis wächst eine stabile Partnerschaft. Der Grad der Belastbarkeit ist in Achtsamkeit herauszufinden, und dabei wird auch Freisein als wechselseitige Bereicherung erlebt.

Sterben und Tod

Wir können Sterben und Tod nicht entgehen. Die Versprechungen der Religionen befreien uns nicht von Ängsten und Schmerzen. Rechtzeitig darüber nachzudenken, lässt uns in der Gegenwart befreiter leben.
Wir erkennen im Loslassen, was wichtig ist, weil wir Unwichtiges nicht mehr festhalten wollen.
Prüfen wir die Bindung an materielle Dinge im Vergleich zu Vorstellungen, Gedanken, Überlegungen, mit denen wir uns identifizieren. Vielleicht sind wir Begleiter in einer auswegslosen Situation eines Mitmenschen. Vielleicht zeigen wir unser Einfühlungsvermögen durch Mitgefühl für den Einzelnen, für Gruppen, die in der Gesellschaft am Rande stehen. Ängste kann ich mildern, indem ich mich mit ihnen auseinandersetze.
Im Tod muss ich loslassen.

Wandel

Überall dort, wo Personal eingespart werden kann, werden Menschen entlassen und die Arbeit wird auf zerbrechliche Schultern verteilt. Es wird erwartet, dass der Umgang mit neuen Technologien reibungslos verläuft. Jeder kämpft für sich. Erhoffte Solidarität bleibt aus. Aggressionen stauen sich auf. Orientierungslosigkeit sucht Ersatzorientierungen.

Um uns herum und in uns vollzieht sich ein Wandel. Wir begreifen vieles nicht mehr, unser Umfeld wird uns fremd. Der äußere Wandel überrumpelt uns. Wir haben Angst, aus der Bahn geworfen zu werden und sehen den Wandel nicht als Chance, selbst Veränderungen vorzunehmen, sondern als Bedrohung und Notlage.

Wenn wir den Wandel nicht aufhalten können, sollten wir dafür sorgen, nicht unterzugehen.

Baue dir deine Welt auf, in der du bestehen kannst. Wir benötigen keine Rechtfertigungen und Zustimmungen. Gehen wir diesen Pfad, werden immer mehr Menschen diesen Weg betreten. Unsere Füße werden uns tragen.

Fremde

Sie lachen, schwatzen, helle Frauenstimmen erklingen gleichzeitig. Die Frauen gestikulieren temperamentvoll, sie erzählen sich ihre Geschichten. Sie sprechen eine Sprache, die ich nicht kenne. Die Fröhlichkeit verebbt, als zwei Deutsch sprechende Männer die Gruppe passieren.

Sie sind Gäste und Migranten in unserem Land. Sie arbeiten und ihre Kinder besuchen unsere Schulen. Und doch sind sie in unserem Land fremd. Wir kennen ihre Lebenswege und Schicksale nicht. Schreckensmeldungen verschiedener Medien und Parteien schüren Ängste, provozieren unangemessene Reaktionen. Durch unsolidarisches Handeln und Verhalten in den europäischen Ländern wird angestrebte Einheit zur Schicksalsfrage nach langjährigen Bemühungen.

Immigranten sind nicht besser oder schlechter als wir.

Angst und Liebe

Angst und Liebe, sie existieren beide in uns, aber passen sie zusammen?
Angst macht angespannt, begrenzt, klemmt ein, presst zusammen. Liebe befreit, sie macht weit und gelassen.
Angst hält fest.
Liebe lässt los.
Angst zerfrisst.
Liebe lässt wachsen.
Leeren wir das mit Angst gefüllte Glas, damit wir es mit Liebe füllen können. Bekennen wir uns zu mehr Verständigung, wechselseitiger Akzeptanz und geteilter Zuneigung.
Sehen wir im Mitmenschen das Gute, das Schöne, das Freundliche, das Ansprechende und teilen wir ihm das mit.

Urteil

Der erste Eindruck, den wir bei einem Treffen gewinnen, entscheidet bis zu 60 Prozent über unsere Gesamteinschätzung eines Menschen. Gepflegte äußere Erscheinung, gewählter Ausdruck sowie die Körpersprache geben uns den Code, den wir für unser Urteil decodieren.

Wir meinen, dass wir über eigene Wertmaßstäbe – Bildung, Intelligenz, Qualifikationen und persönliche Überzeugungen – unsere Bewertung dieser Person finden.

Zu oft habe ich mich geirrt und mich für die falsche Beurteilung geschämt.

Gut ist es, wenn wir uns unvoreingenommen überzeugen lassen, dabei zugleich behutsam und offen vorgehen. Wir freuen uns über Interesse und Zuwendung. Jeder gewinnt, derjenige, der zeigen kann, was in ihm steckt, der andere, der Neues lernt, aber auch eigene Zeichen setzt und anbietet.

Vergänglichkeit/Begrenztheit

Schneeschmelze entblößt Erde, ein betörender Duft verflüchtigt sich, Gischt verdunstet, Lebensmittel verfallen, eine Honigbiene stirbt. Das Handwerk des Schreiners stirbt aus, kulturelle Traditionen werden ersetzt, der Schlussakt eines Theaterspiels verdeutlicht die Auflösung eines Dramas. Im Nachruf wird das Leben eines Menschen gewürdigt. Wir werfen die Tür ins Schloss, kommen nicht mehr hinein. Wir werden täglich mit Vergänglichkeit und Begrenztheit konfrontiert. Wir sammeln Erlebnisse und Gegenstände für später. Wir treiben Raubbau an unserem Körper. Wir missachten die Begrenztheit unserer Ressourcen. Wiederholungen gelingen nicht, weil Gleichwertiges nicht wiederholbar ist. Sind wir jung, denken wir nicht an Endlichkeit, Flüchtigkeit, Kurzlebigkeit. Werden wir älter, können wir nicht mehr ausweichen.

Wünsche

Wir wünschen uns, dass jedes Kind ein Recht hat auf
– Nahrung und Wohnung
– eine eigene Kindheit
– individuelle Ausbildung
– saubere Luft und gutes Trinkwasser.
Wir wünschen uns, dass ein Kind niemals missbraucht wird.

Hier und Jetzt

Woher kommen wir? Wohin gehen wir? Die Frage stellt sich, die Antwort finden wir in unserer Biografie.
Wir können genießen, die Gegenwart auskosten oder nur aushalten. Einmal gelingt die Änderung, der Neuanfang oder die Erneuerung. Einfach nur da sein.
Augenblicke des Lebens ziehen vorüber. Carpe diem. Nimm den Augenblick an.

Wege

Welcher Weg?

Am Strand von Norderney habe ich Wichtiges über das Leben gelernt.
Laufe ich in den Dünen, gibt es Verbotsschilder oder ich rutsche vom Dünenhügel ab und sitze mit beiden Füßen fest. Gehe ich hingegen mit festem Schuhwerk auf etwas feuchtem Sand, macht das Laufen Spaß, weil ich nicht einsacke, sofern ich rechtzeitig der Brandung ausweiche. Gehe ich barfuß, wo der Sand weich, trocken und ohne Muscheln ist, habe ich abends in den Waden Muskelkater oder eine Schnittwunde am Fuß.
Egal, wo ich gehe, kein Weg ist ohne Hindernis. Die Lebenserfahrungen sind unterschiedlich. Wir kommen mal schneller, mal langsamer voran und gehen den Weg, den wir selbst gewählt haben.
Auf der Strecke verändert sich der Weg und wir verändern uns.
Vielleicht können wir uns befreien von einem Lebensweg, der sich ausschließlich auf Karriere und Erfolg ausrichtet. Wir können den Weg suchen und gehen, der uns Erkenntnisse anbietet, wenn wir nach innen schauen.

Datenflut

Google weiß alles, Amazon hat alles, Politiker versprechen alles, einige kopieren alles, die Medien benutzen alles, Fake-Bewertungen schmücken alles, Konzerne verschlingen alles.
Wir schlucken alles.
Private Daten werden nach außen gegeben und gespeichert. Auf das gespeicherte persönliche Dasein wird im weltweiten Netz zugegriffen. Wir fühlen uns ausgezogen, bedroht, entblößt, ausgeliefert.
Der Verstand sagt, dass wir diesen Zustand nicht wollen. Die Seele macht uns wütend, der Körper rebelliert.
Brechen wir uns zu gewaltfreien Aktionen auf –, spucken wir aus, was wir nicht essen wollen –, hinterfragen wir, was uns vorgesetzt wird –, bauen wir Gedankengerüste, auf die wir klettern können –, glauben wir nur das, was glaubwürdig ist –, kaufen wir nur Dinge, die wir brauchen –, verweigern wir uns, wenn wir bedroht werden –, beeinflussen wir unsere Seele mit dem Gefühl, dass sich eigenes und neues Denken lohnt für eine humanere Gesellschaft.

Zeitgeist

Wir leben in einer Zeit, in der einiges auf den Kopf gestellt wird, was früher galt.
Höflichkeit, Rücksicht, Wertschätzung, Mitgefühl im Umgang miteinander werden immer seltener. Stattdessen wird angeordnet, befohlen, durchgezogen, Bitten werden überhört, Gedanken eilen voraus. Das Wort «Danke» fehlt im Wortschatz. Diese Umgangsformen nehmen zu und prägen den egoistischen, profitorientierten, schnelllebigen, gefühllosen Zeitgeist.
Konservative Umgangsformen und Verhaltensweisen müssen nicht unmodern sein. Stellen wir die Art und Weise der Wert missachtenden Beziehungen erneut auf den Kopf!

Wertschätzung

Ein Bauingenieur präsentiert eine Bauplanung, an der er ein halbes Jahr gearbeitet hat. Sie wird in einer Sitzung mit anderen Sanierungskonzepten verglichen und besprochen. Die Präsentation läuft gut, aber die Pläne missfallen dem Sitzungsvorsitzenden. Es werden zeitliche Begründungen vorgeschoben, die Sitzung wird vorzeitig beendet.

Der junge Bauingenieur schiebt die einzelnen Folien ungeordnet auf dem Tisch zusammen, stopft sie in die Laptoptasche, vergisst, die Dateien ordnungsgemäß zu schließen, zieht den Stecker und verlässt den Raum.

Auf dem Flur wird er vom Vorsitzenden eingeholt: «Warum gehen sie so mit ihrer halbjährigen Arbeit um? Sie haben alles gut durchdacht, dabei auf dem Tisch in Eile ein wichtiges Blatt vergessen, keine Rücksprache eingefordert und den Raum mit Selbstzweifeln verlassen. Was sind Sie sich wert?»

Was sind wir uns wert?

Eine realistische Selbsteinschätzung rechtfertigt die Wertschätzung und Anerkennung unserer Arbeit durch andere.

Form und Inhalt

Nehmen wir eine Skulptur in die Hand, erfühlen wir eine äußere Form, die ein Material umhüllt. Streicheln wir den Lederrücken eines gebundenen Buches, sind wir von der äußeren Form entzückt, ohne Kenntnis über die gedruckten Gedanken des Autors zu haben. Die gelebte Kultur von alten Bauernhäusern bleibt uns verschlossen, wenn wir nicht hineingehen. Besteigen wir ein Segelschiff und tauchen ein in diese Schiffswelt, erfahren wir erst dann Wichtiges über den Werdegang dieser Viermastbark und deren Seeleute.
Ein Mann sitzt auf einer Parkbank. Er trägt einfache Kleidung, seine abgearbeiteten Hände mit harten Schwielen an den Fingern liegen locker auf seinen Oberschenkeln. Er ist müde, und mit seinen tief liegenden Augen schaut er mich an. Wir kommen ins Gespräch. Ich erhalte einen kleinen Einblick in sein inneres Wesen und danke ihm.
Die äußere Form ist sichtbar. Der Inhalt muss erschlossen werden.
Die Form bietet sich an. Der Inhalt wirkt auf uns und hinterlässt Spuren.

Träume

Wie schön wäre es, wenn wir alles wüssten, wenn wir alles könnten, wenn wir alles erreichten.
Das Leben gibt uns sehr schnell das Zeichen: So wüchsen wir über uns hinaus und hätten am Ende nichts.
Egal, welche Perspektive wir einnehmen und unsere menschlichen Wünsche betrachten, wir scheitern an der Unfähigkeit, uns in der Vielfalt der Möglichkeiten zu begrenzen.
Unsere Disziplin muss uns helfen, Grenzen zu setzen, damit wir durch die Einschränkung das wachsen lassen, was in unserem Potential und unseren Ressourcen liegt.
Die bewusste Einschränkung erweist sich als Erfüllung.
Dies ist kein einfacher Pfad, denn Träume über unsere unerreichbaren Wünsche können schön sein.

Fernsteuerung unserer Seele

Drähte im Gehirn, Drähte an der Schädeldecke, gekoppelt an eine Festplatte, die mit neuer Software bedient wird und die mit elektrischen Impulsen unsere Gehirnzentren steuern. Mit extern gespeicherten Gefühlsimpulsen wird unsere Seele ferngesteuert von einer zentralen ferngesteuerten Manipulationsmaschine.
Der Mensch lässt sich im Verhalten sanft, nett und geduldig manipulieren oder brutal und aggressiv. Die elektrische Stimulation steuert unsere Seele aus der Ferne. Wir können und wollen die neuen Technologien nicht aufhalten, aber sie sollten uns nicht zur Kontrolle des menschlichen Verhaltens werden. Die Gefahr ist groß, dass unser Gesamtverhalten von außen manipulierbar wird, dass wir die künstlich gesetzten Zwänge nicht mehr erkennen, verinnerlichen oder dulden. Was der Mensch empfindet, was er denkt oder träumt oder sagt, wahrnimmt und wofür er seine Sinne einsetzt, bedarf seiner Einwilligung oder Ablehnung.
Die Wissenschaft ist gefordert, Verantwortung für ihre Forschung zu übernehmen und nach ethischen Grundsätzen zu prüfen, was der Menschheit dient und was ihr schadet.

Unsicherheit: Zuversicht

Es macht uns unsicher:
– wenn wir den Erfolg einer Rettungsaktion nicht einschätzen können,
– wenn wir den Verlauf einer Krankheit nicht kennen,
– wenn Wertvorstellungen unserer Gesellschaft ins Wanken geraten,
– wenn wir Klimaveränderungen in ihren Ausmaßen nicht überblicken.

Wird Unsicherheit weniger empfunden, wenn diese gleichzeitig von Zuversicht getragen wird? Ein optimales Maß an Sicherheit gibt es nicht. Es gibt Persönlichkeiten, die zuversichtlicher sind als andere in der Gestaltung ihres Lebens und sich auf Wege einlassen, die sie nicht kennen.

Zuversicht ist eine Lebensquelle, die ich in mir selber finde, um sie fließen zu lassen in meine Gedanken, in mein Tun und Schaffen, in meine Einschätzungen.

Unsicherheit schafft Herausforderungen, die im gemeinsamen Engagement von Menschen bewältigt werden können. Menschen lernen voneinander und miteinander mit dem Ziel, dass sich Sicherheit entwickelt, aufbaut und die Zuversicht am Leben erhält, damit sie uns als Lebensgefühl begleitet.

Was – woher – wie viele?

Wie viele Kinder hast du? Was verdienst du? Woher kommst du? Was kannst du? Was machst du?

Mit solchen Fragen werden Gäste auf amerikanischen Campingplätzen begrüßt. Das ist nicht böse gemeint. Die Deutschen gehen subtiler vor, um den eigenen Stellenwert in ihrer Gesellschaft «abzuklopfen». Aber was wird nicht abgefragt?

Welchem Menschen hast du geholfen? Was hast du gegen die Armut von Menschen getan? Wie hilfst du den Älteren, die noch in ihren Dörfern bleiben? Wie hilfst du den Menschen in Städten, die körperliche Behinderungen haben? Wie hilfst du einem depressiven Menschen, der vereinsamt?

Warum werden diese Fragen nicht gestellt? Erzeugen sie Zwänge der Rechtfertigung? Sind sie unbequem? Wie human ist unsere Gesellschaft?

Werkzeuge

Ein Restaurator hat gelernt, seine Werkzeuge behutsam und passend einzusetzen. Er wählt den geeigneten Pinsel für den Farbauftrag, den richtigen Hobel für die Holzarbeit, den entsprechenden Druck der Presse, die den Leim zwischen Holz und Furnier bindet. Der Meister arbeitet ohne Anstrengung, unnötigen Energieaufwand, ohne körperliche Verletzungen, kennt keine Verbissenheit und keinen Motivationsverlust. Er arbeitet in Ruhe.

Mit Kenntnis und Erfahrung erstellt er etwas Neues aus dem Alten, verschmolzen zu einer achtenswerten Einheit. Ein restauriertes Möbelstück aus dem 17. Jahrhundert gelangt von ihm in die Hände eines neuen Eigentümers. Wird der den Arbeitsprozess begreifen und die Hingabe des Künstlers zu schätzen wissen?

Seine Erfahrungen schließen Umwege des Lernens ein, gewonnenes Vertrauen in die eigenen Kräfte und wachsende Kompetenz. Sein Selbstgefühl wächst mit Achtung vor der eigenen Arbeit. Die Selbstachtung ermöglicht ihm die Achtung vor den Leistungen anderer, die Achtung vor der Natur und den Tieren.

Gier

Bären sind bekannt dafür, dass sie gerne Honig essen. Sie klettern auf Bäume, um an die mit Honig gefüllten Waben heranzukommen und riskieren unzählige Stiche der Bienen in die weiche Haut ihrer Nasenspitze. Die Gier ist größer als die Verletzungen.

Trunken vor Gier, Hass, Ehrgeiz sehen Menschen keinen Ausweg. Gefesselt von einer Idee, besessen von einer Vision rennen sie im Kreis, kennen kein Ende und Ziel. Sie kommen irgendwo an, wo Gier weit über Leidenschaft hinausgeht.

Menschen können in ihrer Gier nicht loslassen. Zeit, Geld, Energie, Macht und Gesundheit tauschen sie ein gegen Süchtigkeit, Faszination, Blindheit für die Folgen.

Das Schöne in der Welt nehmen sie nicht wahr.

Krankheit

Wenn wir krank sind, gehen wir zum Arzt. Wir wollen, dass er uns gesund macht und nehmen ihn in die Verantwortung.

Die Krankheit und ihre Symptome sind nicht die feindliche Macht. Denken und Lebensstil können zum Feind werden. Krankheit ist kein Zufall. Ärzte bekämpfen die Symptome. Die Menschen wollen es nicht anders.

Unser Körper sagt uns Wesentliches über unser Leiden und Leben. Wir sind ihm dankbar, dass er uns sagt, woran er leidet. Dass wir die Schmerzen, die er uns als Warnsignale sendet, ernst nehmen.

Treten wir mit unserem Körper und unserer Seele in ein Gespräch ein, erkennen wir, dass wir nicht zufällig angesprochen werden, unser Leben zu ändern. Wir lernen, unser Körpergefühl zu verstehen.

Stumme Schreie

Gewaltszenen in Großstädten: zerbrochene Scheiben, zerschnittene Reifen, angesteckte Autos, Fußtritte auf Wehrlose, Plünderungen in Geschäften, beschmierte Denkmäler, Gleichgültigkeit in den Gesichtern.
Gewalttätige Aktionen, die eine tiefe Ohnmacht der Akteure erkennen lassen. Ihre Schreie wollen gesehen, gehört, zur Kenntnis genommen werden. Sie verzichten auf sprachliche Auseinandersetzung und wählen Gewalt. Verantwortliche zur Rechenschaft zu ziehen, gelingt selten.
Der Abbau seelischer Verwahrlosung und der Aufbau einer menschenfreundlichen Seele braucht Zeit und Liebe.
Wir werden sie uns nehmen müssen, um Schlimmeres zu verhindern.

Gegen die Natur

Vom Fließband eines Autoherstellers gehen wir in die künstlich beleuchtete Kantine, legen auf das Fließbandtablett vorgefertigte Fließbandnahrung. Hinein und hinaus fließende Menschenströme betreten Räume im geplanten Zeittakt. Im Etagenparkhaus rollen nach Feierabend die fließenden Autos herunter mit freigesetzten Arbeitskräften. Fließendes Bier ersetzt Bewegung, fließende Bilder im Fernsehformat überbrücken Müdigkeit bis zur Schlafenszeit.
Menschen arbeiten in geschlossenen Fabrikräumen, bei künstlichem Licht, nehmen denaturierte Nahrung zu sich, bewegen sich kaum, konsumieren Alkohol und verbringen ihre Freizeit in passiver Haltung.
Menschen handeln gegen die Natur.
Wir brauchen die Natur. Die Natur braucht uns nicht.

Zivilisation

Aus Dorfgemeinschaften haben sich in der Zivilisationsgeschichte größere Einheiten gebildet, die zu Städten wurden. Städte dehnen sich weiter aus, um der wachsenden Bevölkerungszahl und den Menschen, die aus den Dörfern in die Städte kommen, einen Lebensraum zu bieten.

Gigantische Ausmaße von Städten und Räumen, z.B. Tokio mit 38 Millionen Einwohnern, faszinieren und erschrecken uns. Die angebotenen Arbeitsplätze in den Ballungszentren haben zur Folge, dass die Umweltverschmutzung die gesetzlichen Grenzen übersteigt. Bezahlbarer Wohnraum fehlt, Krankheiten nehmen zu. Natur und Ruhezonen werden dem Flächenbedarf geopfert.

Der Preis, den wir für unsere Zivilisation bezahlen, ist hoch.

Dennoch gilt: In den Großstädten treffen Menschen zusammen mit interessanten Ideen und Innovationen, Vermögen, Ressourcen und Potentialen. Verankert in unserer Zivilisation sind Zusammenarbeit und Wettbewerb der Menschen. Mit der digitalen Vernetzung wird das individuelle Potential in Verbindung mit anderen Potentialen zu einer weiteren Zivilisationsstufe führen.

Tagebuch

Ich schreibe in meinem Tagebuch auf, was schön und wertvoll, lebenswert, wichtig in meinem Leben ist. Ich mache mir die Unterschiede bewusst, um mich nicht in wertlosen und unwichtigen Dingen zu verlieren.
Was ist schön und wertvoll? Was ist schön, aber nicht wertvoll?
Eine Party kann schön sein, aber nicht wertvoll. Ein Klavierkonzert kann schön und lebenswert sein. Eine Reise kann schön, aber überflüssig sein. Sportliche Trainingseinheiten können schön und lebenswert sein. Ein gemaltes Bild kann schön, aber ohne wertvolle Aussage sein.
Die Antworten haben sich im Laufe meines Lebens geändert. Wenn früher weitgehend Pflichten im Vordergrund standen, achte ich jetzt zunehmend auf meine Bedürfnisse. Die Rücksichtnahme und die Achtsamkeit auf die vorhandenen eigenen Bedürfnisse sollten nicht erst mit dem Rentenalter oder der Pensionierung einsetzen. Die individuellen Bedürfnisse werden bewusst oder unbewusst immer eine wesentliche Rolle im Leben spielen.

Wagnis

Abenteurer kennen keine Grenzen. Sie absolvieren spektakuläre Sprünge von Gebäuden oder Brücken, Autorennen, Bergklettern an Felsvorsprüngen, Kanufahrten auf Wildwasser mit reißenden Stromschnellen, Mountainbike-Abfahrten durchs Gebirge oder Fallschirmsprünge.

Die Anzahl der Abenteurer steigt. Sie beweisen Mut, Können und mentale Stärke. Andererseits gehen sie das Risiko ein, es nicht ausreichend kalkuliert und realistisch eingeschätzt zu haben. Glück und Verlust liegen nahe beieinander.

Schade um eine Gesellschaft, die diese extremen Mutproben von Menschen nötig hat. Es gibt genügend Lebensbereiche, in denen jene Abenteurereigenschaften unter Beweis gestellt werden können. Sei es in der Zivilcourage, im außerordentlichen Engagement für eine Sache, in einer mutigen Entschlossenheit, Gefahren abzuwenden oder als Antwort auf eine lebensbedrohliche Erkrankung.

Behinderung

Treffen wir mit einem Menschen zusammen, der körperlich behindert ist, werden wir verlegen oder sind peinlich berührt, weil wir nicht wissen, wie wir uns verhalten sollen.

Der Behinderte hat unser Problem nicht. Er ist in seiner Rolle zuhause und weiß damit umzugehen. Menschen ist nicht damit gedient, den Mangel in der Behindertenförderung zu kritisieren.

Warum nicht die empfundene Unsicherheit zugeben und das Gespräch für einen Austausch von Informationen nutzen?

Der Behinderte ist nicht immer der Hilfesuchende.

Äußere Auszeit

Selbst, wenn der Mensch alles hat – Gesundheit, Wohlstand, eine glückliche Beziehung, Sinn gebende Aufgaben, Frieden im eigenen Land –, gibt es Momente, Stunden, Tage, die ein Lebensgefühl der Unzufriedenheit hinterlassen. Dankbarkeit im Rückblick ändert nichts daran. Goethe nennt dieses Gefühl «Weltschmerz», der damals und heute schwer zu beschreiben und zu begreifen ist.

Menschen, denen es ähnlich ergeht, pilgern den Jakobsweg entlang, unternehmen den Pacific Crest Trail, gehen auf die Wanderschaft, sind Hobbyfotografen oder betrachten die Polarlichter. Eine «Auszeitstrecke» findet sich überall.

Wichtig ist die Bereitschaft, mit allen Sinnen die unterschiedlichen Wetterlagen und Landschaften wahrzunehmen: Sonne, Wind, Sturm, Regen, Eis, die Weite bis zum Horizont und Lichtveränderungen.

Nach der Auszeit werden sich Ausgeglichenheit und Lebensfreude einstellen. Laufen Sie Ihrer Traurigkeit einfach davon.

Innere Auszeit

Im 21zigsten Jahrhundert ist die Wahl der möglichen Auszeiten groß: durch Leidenschaften, durch Fasten, durch Verzichten.

Eine nachhaltige, erkenntnisreiche Auszeit ist das Heilfasten über drei Wochen. Es geht nicht darum, schlanker zu werden oder den Darm zu sanieren. Durch die Nahrungsenthaltung über einen längeren Zeitraum erlangen wir Klarheit im Denken und Fühlen, mit zunehmender Kreativität. Problemlösungen bieten sich an, Lebensfreude stellt sich ein. Wir lernen zu verzichten, in einer Konsumgesellschaft, die sich durch Fülle und Müll zerdrückt.

Für diese Reise brauchen wir keine Drogen, Tabletten oder Alkohol. Sie schädigen unseren Körper, unseren Geist und machen süchtig. Lassen Sie sich ein auf die Reise des Verzichtens.

Übergänge

Wir erleben Übergänge, wenn wir
– vom Stadtrand in das Zentrum fahren
– eine Brücke von der Altstadt in die Neustadt überqueren
– mit dem Fährschiff vom Festland zu einer Insel fahren
– durch unterschiedliche Wohnsiedlungen gehen
– in einem Wohngebäude verschiedene Räume betreten.

Wir erfahren Übergänge von der Beendigung der Schulzeit bis zum Beginn einer Ausbildung. Wir unterschreiben einen Vertrag, mit dem sich Eigentumsverhältnisse ändern. Den örtlichen und zeitlichen Übergängen schenken wir im Alltag wenig Beachtung, obwohl sie Veränderungen nach sich ziehen. In unserem beschleunigten Leben werden sie auf einer to-do-Liste abgehakt. Wir nehmen uns keine Zeit, um die Umstellungen zu begreifen und sind überrascht, wenn der Übergang in die neue Situation nicht gelingt.

Für die Zukunft werden Übergänge bedeutsamer: aufgrund globaler Veränderungen in der Arbeitswelt, in den Klimabedingungen, in der Wirtschaft, in der Wohnkultur, in sozialen, digitalen und technischen Bereichen. Umso wichtiger wird es sein, dass wir uns die Übergänge bewusster machen, um sie zu gestalten.

Ausklang

Am Seedeich des Dollartbusens, auf dem zahlreiche Schafe weiden, bei Ebbe das Watt freigelegt wird, bei Flut das Salzwasser auf die Steine klatscht, finde ich den Ausklang des Tages mit dem weiten Blick übers Wasser bis nach Delftzijl. Auch im Teutoburger Wald stellt sich der Tagesausklang ein, wenn mir Vögel ihr Abendlied singen.

Gelassen, abwartend und ruhig kommen und gehen Gedanken, Ideen, Erinnerungen. Ich begegne mir, bin geliebten und bekannten Menschen nahe.

Natur und Ruhe findet jeder, der sie sucht. Sie schenken Ihnen Ihr Lächeln zurück. Nehmen Sie es mit und legen Sie es in andere, geöffnete Hände.

Besinnungsaugenblicke laden zum Wachsen lassen ein.

Zivilcourage

Ein Passant kam in einer Innenstadt einer schreienden Frau, die von drei Jugendlichen attackiert wurde, zur Hilfe. Die drei Jungen ließen die Frau los und verfolgten den Passanten. Dieser wurde von ihnen in einem Kaufhaus von der Rolltreppe gestoßen und schwer verletzt. Persönlicher Mut hat seine Schattenseiten. Gewaltanwendung von außen, Rechtfertigungszwänge im Gerichtssaal, Schutzlosigkeit und Risiken machen verständlich, dass Zivilcourage oft nicht zumutbar ist.
Dennoch gibt es Menschen, die mutige Zeichen setzen. Sie schließen sich zu Gruppen zusammen, oder nutzen die Geschlossenheit einer Bürgerinitiative, die dem einzelnen Schutz bietet. Politiker oder Vertreter von Vereinen rufen zur Zivilcourage auf, halten sich aber größtenteils selbst zurück.
Zivilcourage kann damit beginnen, dass wir nicht schweigen, wenn jemand öffentlich beleidigt wird, Tiere gequält werden, Kinder misshandelt werden, ältere Menschen verbal und nonverbal angegriffen werden.
Wenn persönlicher Mut für mehr Menschen zur Tugend wird, gibt es weniger Menschen, die gleichgültig sind.

Struktur und Systeme

Der menschliche Körper verfügt über eine Vielzahl von Organen und Systemen. Die Beschaffenheit und der funktionelle Aufbau des Körpers bedingen das Zusammenwirken in gegenseitiger Abhängigkeit. Fällt ein Organ oder ein System aus – verrutschen sie, verkleinern sich, wandern innerhalb des Körpers oder vergrößern sich –, hat das verheerende Folgen für die Gesundheit. Die Ordnung in unserem Körper ist lebenswichtig und lässt sich auch auf andere Bereiche übertragen.

Jeder von uns möchte wissen, welchen Platz er in der Familie, in der Gemeinschaft oder in einer Gesellschaft einnimmt. Er will sich einordnen und darauf bauen können.

Dieser Weg setzt voraus, dass wir die Strukturen und die Systeme erkennen und uns auf sie verlassen können.

Kinderfragen

Warum geht die Sonne auf? Warum wird es nachts dunkel? Warum schwimmt die Plastikflasche auf dem Wasser? Warum können die Vögel fliegen?
Kinderfragen, die nicht schnell zu beantworten sind. Oder doch?
Die Kinder erwarten keinen Vortrag der genervten Eltern über die physikalischen Naturgesetze. Sie möchten eine kindgerechte Erklärung, die sie verstehen können. Stattdessen setzen wir Kinder vor den Fernsehapparat, dulden Computerspiele, geben ihnen Lutschstangen, damit der Mund sich schließt, schicken sie nach draußen oder schreien sie an.
Wir wollen froh sein über Kinderfragen und uns Zeit für sie nehmen. Sie bereichern unser Leben.

Toleranz

Hitzige Debatten entbrennen über den Abtreibungsparagrafen 218, die gleichgeschlechtliche Ehe, das Adoptionsrecht für Homosexuelle, über islamische Kleider- und Kopftuchvorschriften. Warum gibt es diese Streitigkeiten? Sind die einen tolerant und dulden es, die anderen intolerant und weisen Unterschiede in Lebensstilen und Moralvorstellungen zurück?

Wenn in Schulen das Kopftuch der Mädchen geduldet wird, ist es weder Ausdruck von Gleichgültigkeit noch Zustimmung, sondern stillschweigende Ablehnung.

In einer Demokratie wird es immer – bedingt durch Minderheiten oder andere Gruppierungen –, unterschiedliche Interessenlagen geben, die manchmal auch mit Gewalt ihre Positionen deutlich machen. Der Begriff «Toleranz» wird provoziert. Was kann gelten? Sind es unsere Gesetze, Menschenrechte oder Normen? Wir werden mit neuen Grenzsituationen konfrontiert, die gesellschaftliche Lösungen erfordern. Was können und dürfen wir in Zukunft zulassen – was nicht? Ideal wäre, wenn sich aus der scheinbaren, aufgesetzten Toleranz echte Akzeptanz entwickeln würde. Anstrebenswert ist es, gemeinsame Regeln, Normen sowie Sicherheit aufzubauen für jene Unterschiede, um damit für alle Mitglieder in unserer Gesellschaft einen gesellschaftlichen Rahmen zu schaffen, in dem wir gemeinsam leben können.

Kollektive Vereinheitlichung

Per Internet wird für den Mann und die Frau ein Outfit vom Hut bis zu den Schuhen bei Bedarf für jede Jahreszeit vorgeschlagen, zusammengestellt, an die Käufer verschickt. Schilder im Bereich von Sehenswürdigkeiten weisen auf den besten Fotostandort hin, von dem die eigene Aufnahme fotografiert werden sollte. An anderer Stelle findet sich der Hinweis, dass dieser Punkt der Wichtigste sei. Für eingeladene Gäste wird das Menü nicht nach persönlichen Vorlieben zusammengestellt, sondern der aktuelle Trend ist ausschlaggebend. So wird für alle Gäste vegane Kost serviert. Große Musikveranstaltungen bedienen den Massengeschmack.
Die Ausprägung der Gleichschaltung und Vereinheitlichung ist der Anfang vom Ende der Individualität.
Scheren wir aus der angebotenen kollektiven Verhaltensweise aus, können wir täglich das sehen, betrachten, genießen, entdecken, empfinden, was nicht alle wahrnehmen, durchführen, aufnehmen, ablichten, einschalten, anziehen, anhören.

Leistungsfähigkeit

Heute ist meine letzte, persönliche Leistungsüberprüfung für mein Ziel, den Triathlon an einem durch andere festgesetzten Tag zu beenden. Mit dem Herzfrequenzmesser, dem Radcomputer, der wasserdichten Zeit- und Stoppuhr am Handgelenk messe ich meine Trainingsleistung. Ich mache mir ein Bild von meiner Leistung.

Der organisierte Nachweis unserer Leistungsfähigkeit wird durch Abschlüsse, Prüfungen, Zeugnisse, Urkunden, Pokale belegt.

Die Feststellung der eigenen Leistungsfähigkeit ist ehrlicher. Trainiere ich allein – ohne Publikum, ohne Wettkampfbedingungen, ohne den Ansporn durch andere –, und schaffe persönliche Rahmenbedingungen für ein Ziel, wird mich die höhere Trainingsleistung und der Lernzuwachs beflügeln. Erkannte Defizite spornen mich an.

Zeige mir, wie das geht

An der Anwendung neuer Technologien verzweifeln Lehrer, werden aus Krankheitsgründen vorzeitig pensioniert, weil sie psychisch krank sind. Junge Manager haben den Anspruch, alles selber zu machen, ohne Aufgaben an andere zu delegieren. Sie resignieren und geben auf. Die Hilfe von Eltern versagt, wenn sich ein Kind in einer Klasse zum auffälligen Störenfried entwickelt.

Ich habe gelernt, Misserfolge abzuwenden, indem ich rechtzeitig auf die Kräfte und Kompetenzen anderer zurückgreife, um meine Aufgaben und Ziele zu bewältigen. Wir müssen nicht alles selber können. Wir dürfen anderen unsere Fähigkeiten anbieten, damit sie ihre Aufgaben erfüllen.

Freilassen

Schnellen Schrittes lief die ältere Schwester zum Vogelkäfig, aber der vierjährige kleinere Bruder hatte den grüngelben Kanarienvogel bereits durch das offen stehende Käfigtürchen ergriffen, fest umklammert und zerrte ihn heraus. «Lass ihn los, du zerdrückst und zerbrichst deinen Liebling.»

Liebe zerbricht, sobald sie krampfhaft umklammert und festgehalten wird. Liebe stirbt, wenn sie uns unfrei macht. Um Liebe zu kämpfen, ist von vornherein zum Scheitern verurteilt. Liebe ist kein Besitzstreben. Ehrliche Liebe ist frei von dem Anspruch, Menschen beherrschen zu wollen oder Macht auszuüben.

Ein Teil und das Ganze

Wenn in einem technischen Gerät an irgendeiner Stelle der Stromkreis unterbrochen ist, dann ist nicht das gesamte Gerät defekt. Wenn ein Teil des Gehirns Schaden genommen hat, können Körper und Geist dennoch funktionieren. Wenn drei Viertel eines Hauses nicht bewohnbar sind, kann in einem Viertel dieses Hauses gekocht, geschlafen, gewohnt werden. Wenn ein Staat vor der Insolvenz steht, ist die vorhandene Kreativität seiner Bevölkerung abrufbar und einsatzfähig.

Wie einfach ist es, das Gerät wegzuwerfen, Menschen mit Einschränkungen als wertlos einzuschätzen, ein Haus abzureißen, und dadurch die Notlage von Menschen zu ignorieren? Sollen wir die Staatsverschuldung hinnehmen, Diktatoren das politische Feld überlassen, anstatt auf die Potentiale von Bevölkerungsgruppen zurückzugreifen?

Wir neigen zu schnell dazu, Beeinträchtigungen als das Ganze zu sehen. Ein Teil ist nicht das Ganze. Differenzieren wir, fällt die Beseitigung dieser Störung leichter und erdrückt uns nicht mit dem Anspruch, das Ganze zu erneuern. Konzentrieren wir uns auf diesen Teil und verbessern ihn.

Gib nie auf

«Du hast den Ball prima gefangen!», ruft eine Mutter ihrem fünfjährigen Kind zu. Die Kleine traut sich, den großen Ball zu umklammern. Den schmerzhaften Aufprall auf der Brust hat sie schon vergesssen, der linke Schuh liegt irgendwo auf dem Rasen.

Festhalten und greifen will gelernt sein. Sie wird lernen, den Ball so zu fangen, dass der Aufprall nicht weh tut. Um richtig greifen zu können, muss sie ihre Armmuskulatur stärken. Sie hat gemerkt, dass der Ball nicht ins Leere fällt, wenn sie auf die Blickrichtung der Mutter achtet. Auch wenn noch zahlreiche Bälle auf den Rasen rollen werden, wird sie das Ballspiel genießen. Spielerisch hat sie erlebt, dass sie im Ballspiel sicherer wird. Durch wachsendes Vertrauen und Zuversicht kann eine talentierte Ballspielerin heranwachsen, auch wenn Bälle von ihr nicht aufgefangen worden sind. Hätte sie aufgegeben, hätte sie nie das Ballspielen erlernt und wäre nicht in der Lage, heute mit fünf Bällen zu jonglieren.

Gleichzeitigkeit

In diesem Augenblick passiert vieles gleichzeitig: Ein Kind wird geboren, ein Mensch stirbt, ein wildes Tier hat sich befreit, ein Unfall ereignet sich, Kinder werden gerettet, Erdbeben vernichten Menschenleben.

Wir erleben die Gleichzeitigkeit über das Internet, Fernsehen, Smartphones. Wir vertrauen darauf, dass unser Verstand Ereignisse, Medienfragmente, Gesehenes einordnet, verarbeitet und abspeichert. Abends im Bett oder in Tagträumen bringen sich abgespeicherte Szenen vor unserem geistigen Auge in Erinnerung.

Die Einflussnahme von Gleichzeitigkeit auf uns nimmt stetig zu. Sensible Menschen ziehen sich innerlich zurück, weil sie die Gleichzeitigkeit nicht mehr ertragen können. Für sie nimmt die kleine, private Welt an Bedeutung zu. Sie suchen Beständigkeit und Beschaulichkeit.

Streiten

Eine junge Frau, politisch und gesellschaftlich interessiert, verfolgt im Fernsehen eine Diskussion über ein aktuelles, gesellschaftliches Problem. Sie schaltet auf einen anderen Kanal um, weil sie die Streitkultur nicht mehr ertragen kann. Sie bemängelt die gegenseitigen Schuldzuweisungen, Profilierungen auf Kosten anderer, das Abgleiten in Unsachlichkeit durch persönliche Vorwürfe, die Verwirrung in Verwendung von Begriffen. Die Zusammenhänge von Einschaltquoten, Werbung und Unternehmensgewinne sind ihr bekannt. Sie gehört nicht zu den Fernsehzuschauern, die sich daran erfreuen, wenn eine Diskussion eskaliert.

Nach unserem Grundgesetz haben wir das Recht auf Meinungsfreiheit. Solange wir diszipliniert streiten im Austausch von Argumenten, haben wir uns etwas zu sagen. Beenden wir den Austausch, wird die Streitkultur bedeutungslos. Die Bereitschaft zur Gewalt wächst.

Licht

Wir wandeln durch die großzügige Anlage der Moschee von Abu Dabi. Wir staunen über die Turmhöhe des Kölner Doms, die äußeren Strebebögen, die die großflächigen Domfenster abstützen und tragen. Mächtig und überragend erscheint uns von außen die Kathedrale von Notre Dame. Beeindruckend sind die hinduistischen, in der Sonne glänzenden bunten Tempel in Dehli.
Was sagen uns diese Gebäude, wenn wir sie von innen erleben? Eine Komposition aus Säulen, Mosaiken, Handwerkskunst in Vollendung, hohe Weite, bunte, große Fenster, überspannende Gewölbebögen, Skulpturen in großer Vielfalt, weitläufige Marmorfußböden in geometrischen Mustern, Altäre und Chorgestühl in übermächtiger Dimension. In Demut, Ergriffenheit und Schweigen vertiefen wir uns. Ein Gebäude in seiner Vielfalt und Leuchtkraft zu erfassen, bedeutet, dass wir uns mit der Baugeschichte, den Baubedingungen, den Vorstellungen der Baumeister beschäftigen. Ähnliches gilt für den Menschen. Einem Menschen näher zu kommen, ihn als Freund-/in zu begleiten, ist das Licht, das unser Leben erhellt.

Berührungspunkte

Das Gefühl, in Verbindung zu sein, mit der Natur, Menschen, anderen Lebewesen, der Kunst, belebt uns. Verbindungen sind unterschiedlich spürbar: in erlebter Stille, in Augenblicken von Freude oder Leid, in der Betrachtung von Kunstwerken, in der Erhabenheit sakraler Räume.
Wir spüren unsere Seele als eine Quelle starker Kraft.
Diese Erfahrungen werden seltener. Die Teilhabe an der Gemeinschaft, der Natur, lassen wir oft nicht zu: Gleichgültigkeit, Beziehungsarmut, seelische Desorientierung, Intoleranz überwiegen.
Allein mit Selbstbezug finden wir keine seelische Ausgewogenheit, die uns glücklich macht.

Veränderung

Was verändert sich? Die Zeit oder wir?
Das Anrempeln in Supermärkten erleben wir als unangenehm. Die Warteschlangen in Abfertigungshallen auf Flughäfen erzeugen Stress, riskante Überholmanöver schneller Autofahrer machen uns wütend, Ungeduld von Menschen provoziert uns, freches Benehmen lässt uns schweigen, Hitze, Schlechtwetterperioden, Stürme machen uns nervös und gereizt.
Hat sich die Zeit verändert oder sind wir andere geworden? Beides trifft zu. Wir sind empfindlicher, unsere Gefühle sind verletzlicher geworden.
Unsere Welt ist nicht statisch: Alles fließt, bewegt sich, verändert sich. Wir neigen dazu, Veränderungen in uns selbst bewusst oder unbewusst zu verdrängen, weil wir das Altern nicht akzeptieren wollen.
Die Natur zeigt uns täglich die Kunst der Anpassung. Heute und morgen haben wir die Aufgabe, Körper, Geist und Seele zu entwickeln.

Seinen Weg gehen

Wenn Sie wissen, welchen Weg Sie gehen wollen, beschreiben Sie ihn und prüfen Sie, ob er begehbar ist. Überwinden Sie unnötige Zweifel, rücken Sie Hindernisse an den Straßenrand.
Sie werden erfahren, dass
– man Ihnen hilft, den gewählten Weg zu gehen
– andere Menschen Sie beneiden, weil Sie Ihren Weg gefunden haben
– Ihr Nein zu Seitenwegen respektiert wird
– andere in Selbstverantwortung den Weg gehen, der ihnen bestimmt ist.

Schlusswort

Wenn dir danach ist, blättere im Buch. Konzentriere dich auf einen Gedanken. Lasse ihn wachsen. Folge ihm.

Biografische Angaben zur Autorin

- Geboren am 27. März 1944
- Aufgewachsen in einer Schifffahrtsfamilie mit holländischen Wurzeln/Mutter Niederländerin
- mehrere Jahre als Sachbearbeiterin im U-Bootsbau bei TNSW in Emden
- Universitätsstudium der Germanistik und Kunst für die Sekundarstufe II
- Bis zum 63zigsten Lebensjahr Studienrätin an der BBS Emden
- dreijähriges Fernstudium an der Fernakademie in Hamburg: Große Schule des Schreibens sowie Biografisches Schreiben
- ehemals Mitglied des BBK (Bund bildender Künstler) und ostfriesischer Autoren
- mehrere Kunstausstellungen in der BRD
- Dichterlesungen in Emden
- weltweite Reisen